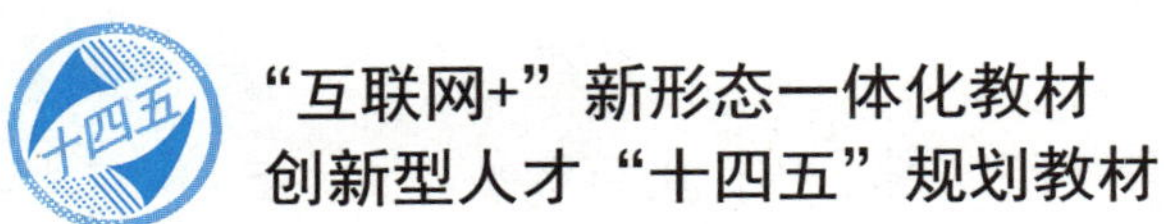

“互联网+”新形态一体化教材
创新型人才“十四五”规划教材

直播电商

主　编　杨　金　唐　迈　陈春茶
副主编　蔡　翔　王唯薇　刘蔓葶
王丽明　康　婷　陈　泽
李盼盼

中国商业出版社

图书在版编目（CIP）数据

直播电商 / 杨金，唐迈，陈春茶主编. -- 北京：中国商业出版社，2023.8
ISBN 978-7-5208-2581-8

Ⅰ. ①直… Ⅱ. ①杨… ②唐… ③陈… Ⅲ. ①网络营销 Ⅳ. ①F713.365.2

中国国家版本馆 CIP 数据核字(2023)第 151905 号

责任编辑：黄世嘉

中国商业出版社出版发行
（www.zgsycb.com 100053 北京广安门内报国寺 1 号）
总编室：010-63180647 编辑室：010-63033100
发行部：010-83120835/8286
新华书店经销
北京宝莲鸿图科技有限公司印刷
*
787 毫米×1092 毫米 16 开 13 印张 288 千字
2023 年 8 月第 1 版 2023 年 8 月第 1 次印刷
定价 49.80 元
* * * *
（如有印装质量问题可更换）

前　言

2021 年我国直播电商销售额达 17599 亿元；2022 年我国直播电商销售额达 24816 亿元。因此，直播电商在扩大消费规模、拉动经济增长等方面发挥了积极作用。为进一步促进直播电商行业发展，我国先后发布了《关于加强网络直播营销活动监管的指导意见》《规范促销行为暂行规定》《网络交易监督管理办法》等一系列规章制度，切实加强了网络直播行业规范，建立了有利于直播电商健康发展的制度环境。

网络直播的业态较为丰富，其中，直播电商更加接近于电子商务，从拉动消费升级、促进经济循环的角度，以电子商务作为核心商业模式的直播电商意义显著。作为电子商务的新兴业态，近年来直播电商对于经济社会发展产生了积极的影响。

本书根据直播带货工作过程划分教学模块，并根据专业系列岗位工作构建技能知识点，在此基础上创建任务项目，并将理论与实践合二为一，突出知识技能的针对性。本书按照直播电商的岗位工作过程分为八个实践项目，分别是：项目一，直播电商认知目标；项目二，直播电商相关岗位概述；项目三，直播电商的筹划与准备；项目四，直播电商的策略与运作；项目五，直播电商的实施；项目六，直播电商内容推广；项目七，直播电商的效果评估与改进；项目八，直播电商的风险与防范。本书既可以作为高等院校网络营销与直播电商、电子商务、市场营销农村电子商务等专业的教学用书，也可以作为电子商务、直播带货、农业创业等从业人员的学习用书。

本书具有以下特点：第一，体例新，采用任务驱动式项目编写法，每个项目按照实践技能要求分为几个任务，让读者在真实任务中探索学习。第二，实用性强，考虑到高等学校教育的特点，本书理论内容安排适度，注重实践能力的训练，每个项目都安排了同步测试和实训项目。

本书由杨金、唐迈、陈春茶担任主编；蔡翔、王唯薇、刘蔓葶、王丽明、康婷、陈泽、李盼盼担任副主编。具体编写分工如下：杨金负责编写项目三、项目四；唐迈负责编写项目一、项目二；陈春茶负责编写项目五；蔡翔、王唯薇、王丽明、康婷共同编写项目六、项目七；刘蔓葶、陈泽、李盼盼共同编写项目八。全书由杨金总纂并统稿。

由于编者水平和能力有限，本书中难免存在疏漏之处，恳请广大读者和有关专家批评指正。为方便教学，本书还配有教学资料包，可联系 bhhwbook@163.com。

编　者

2023 年 5 月

目　　录

项目一　直播电商认知目标 …… 1

任务一　直播电商概述 …… 2
任务二　直播电商的产业链 …… 13
任务三　直播电商平台的分析 …… 18
项目小结 …… 26
项目检测 …… 28
项目实训 …… 28

项目二　直播电商相关岗位概述 …… 29

任务一　直播电商人才特征与岗位设置 …… 30
任务二　直播电商岗位职责与技能 …… 32
任务三　短视频岗位职责与技能 …… 37
任务四　直播电商人员胜任力及培养 …… 40
项目小结 …… 48
项目检测 …… 49
项目实训 …… 51

项目三　直播电商的筹划与准备 …… 52

任务一　直播电商的定位 …… 53
任务二　直播电商的前期准备 …… 54
任务三　直播电商的流程策划 …… 57
项目小结 …… 63
项目检测 …… 63
项目实训 …… 66

项目四　直播电商的策略与运作 …… 67

任务一　直播电商运营的实质 …… 68
任务二　直播电商的运营策略 …… 72
任务三　协调数据资产和团队资产 …… 78
项目小结 …… 82
项目检测 …… 82

项目实训……85

项目五　直播电商的实施……86

任务一　直播技巧……87
任务二　腾讯直播……105
任务三　快手直播……119
任务四　抖音直播……128
任务五　淘宝直播……136
项目小结……144
项目检测……145
项目实训……146

项目六　直播电商内容推广……148

任务一　短视频推广……149
任务二　微信公众号推广……156
任务三　社群推广……166
项目小结……168
项目检测……168
项目实训……171

项目七　直播电商的效果评估与改进……172

任务一　直播电商的效果评估指标……173
任务二　直播电商的效果判断标准……176
任务三　直播电商复盘及改进……178
项目小结……183
项目检测……183
项目实训……185

项目八　直播电商的风险与防范……186

任务一　直播电商风险概述……187
任务二　直播电商的风险管理……193
任务三　直播电商的风险防范措施……195
项目小结……198
项目检测……199
项目实训……200

参考文献……202

项目一　直播电商认知目标

【学习目标】

【知识目标】

1. 了解网络直播的发展历程；
2. 理解直播电商的内涵；
3. 理解直播电商的营销价值；
4. 掌握直播电商运营产业链；
5. 了解常见的直播电商平台；
6. 掌握各直播平台的直播营销优势。

【技能目标】

1. 能结合实际分析直播产业链的组成要素；
2. 能区分不同类型的直播平台各自特征与优势。

【素质目标】

1. 具备全局观念和系统性思维，并以此分析直播电商运营的发展；
2. 遵守法律法规、公序良俗、商业道德，坚持正确导向，弘扬社会主义核心价值观，营造良好网络生态。

【导入案例】

某商场探索“云导购”模式 千名导购在家直播卖货

某商场联合淘宝平台，邀请近千名导购在家直播卖货，实现“无接触购物”。导购们吃完午饭后，第一件事情不是话家常，而是打开手机开始直播。吃饭、睡觉、做直播，正在成为该商场导购每天必做三件事。商场相关负责人表示，未来，将邀请更多品牌加入“云导购”创新探索。

导购在家直播实现“无接触购物”

某品牌导购员李某正在家做直播，她这次介绍的产品是牛油果眼霜。直播间里汇集了数百名粉丝，其中一位 18 岁的粉丝正在询问自己是否能用这款眼霜。“18、19 岁的宝宝不用担心，这款眼霜特别适合刚开始使用眼霜的女生，能补水保湿且不油腻，注意使用手法就好了。”边说着，李某还在自己脸上做了示范。

“平时在专柜里一次只能接待一位顾客，直播就不一样了，一次能服务上百人。”李某表示，特殊时期通过直播接触天南地北的顾客，在线解答不一样的护肤问题，是一种不错的服务方式。

而在另一品牌的直播间里，彩妆师徐某正在做“春季应该如何护肤”主题的直播。直播界面下方推荐了樱花水、白金级焕活眼霜、新春限定版小棕瓶等单品，这是徐某作为资深导购为顾客推荐的一整套护肤流程。徐某发现，虽然不便出门，但顾客的护肤需求却一点都没少，直播间里不时有顾客留言“缺洗面奶了”“精华用光了”“这套产品适合混合肤质吗”。随着徐某的讲解，不少顾客纷纷点进产品链接查看详情，直播界面中不时闪现“‘某某某’正在去买”的字样，帮助顾客实现“无接触购物”。

彩妆师在家直播，导购变身“云导购”开创导购直播+新零售模式

该商场和淘宝平台发起的导购在家直播这个项目，得到广大品牌商支持。化妆品、运动、服饰等品类商家纷纷表示支持，甚至给出了粉丝专享福利。众多品牌专柜，已率先加入“导购在家直播”项目。通过短视频、直播等方式，赋能超 5 万一线导购员，使他们从普通营业员改变为“新零售导购”。该商场杭州武林店某品牌专柜店马某，首次在淘宝进行直播，仅一上午的时间，她个人的销售额就冲上 6 万，是平时她日销售额的 6 倍；另外，一品牌鞋专柜导购武某以“踩屎感”为卖点，一天卖出 50 多双鞋。

（资料来源：财经领域创作者．有驾．中国网财经-同花顺财经，2020 年 2 月 10 日．https://www.yoojia.com/article/9275762357145621561.html）

思考题：

1．直播电商与传统电商的区别是什么？

2．直播电商的商业价值是什么？

任务一　直播电商概述

消费作为拉动经济增长的第一引擎，作用日趋凸显，消费意愿的持续释放越来越重要。消费者在消费意愿持续提升的同时，其消费逻辑也在升级，也就是所谓“消费升级”。随着传统流量红利的逐渐消失，以直播为表现形式的内容营销全面爆发，直播与电商实现完美融合，产生了直播电商这一商业模式。随着平台端对直播的持续加码、用户直播购物习惯的逐渐养成，直播电商产业链日渐成熟与完善，再加上 5G 技术的进一步普及和运用，直播电商将持续呈现爆发式的成长状态。

本节将介绍直播电商的基础知识，包括网络直播的发展历程、直播电商的内涵、直播电商的发展现状和商业价值，让读者对直播电商有初步的理解。

一、网络直播的发展历程

网络直播的发展经历了三个阶段（见图 1-1）：第一阶段是以娱乐为主的秀场模式，其变现形式单一，主要以用户打赏为主；第二阶段是以“宠粉”为主的互动模式，也就是所谓的“老铁经济”，这种模式下主播基于“粉丝”关注、信任和互动推荐产品，促成交易；第三阶段是以推荐为主的带货模式，主播直接向用户推荐产品，促成交易。

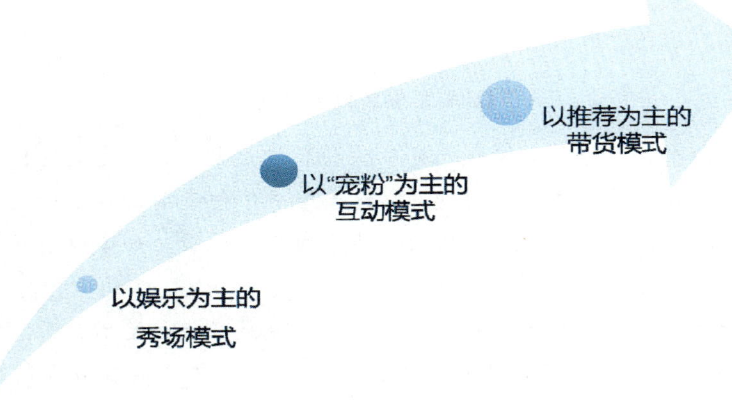

图 1-1　网络直播的发展阶段

1．网络直播 1.0 时代：以娱乐为主的秀场模式

秀场直播是公众展示自己能力的互联网空间，最初于 2005 年在国内出现，原型为网络视频聊天室，2009 年后逐渐转变为以主播为核心的秀场模式。秀场模式以才艺表演为主、聊天为辅，其内容早期以唱歌、跳舞等展示才艺的形式为主，后期发展为脱口秀等表演方式，以六间房、9185 等直播平台为代表。因其起步时间较早，是网络直播早期主流平台，运营模式相对成熟。

秀场直播参与门槛较低，内容同质化程度较高，其变现形式单一，主要以用户打赏为主，这限制了秀场模式的发展。但秀场模式发展到今天，依然有一定的活跃度，并且随着移动通信设备的普及，秀场模式打破了原来空间上的界限，使直播背景不再局限于一个房间，这增加了直播的趣味性，也使内容更加多元化。

2．网络直播 2.0 时代：以“宠粉”为主的互动模式

在网络直播中，以“宠粉”为主的互动模式比秀场模式更“接地气”，是基于强信任社交关系驱动的直播模式。主播一般有一定的粉丝基础，粉丝质量与私域流量控制力较强，在

直播中直接展示商品。互动模式的场景更加日常化，也更加亲民，被称作“老铁经济”，这种模式起源于快手平台。

在传统零售和电商的消费过程中，消费者往往直奔“货”去，通过搜索达成购买行为。而在直播电商的互动模式中，“人”不仅是基于买卖关系的消费者，更是基于社交而产生的黏性用户，卖家也从单纯的销售员，变成“老铁”一样的带货达人。

以“宠粉”为主的互动模式是直播电商发展的第二阶段，其基于强社交信任关系驱动，使主播通过粉丝的关注、信任和互动，推荐产品，这种模式对粉丝质量与私域流量控制力要求较高。后来出现了面向公域流量的以推荐为主的带货模式，这种模式也就是现阶段所指的直播带货。

案例 1-1

61 岁陕西主播靠做家乡菜火了

“我在哪儿学的手艺？你要是像我一样在陕西农村长大，你也是大厨！”主播老乔在快手直播中再一次向网友解释了“师出何处”，这已经成了他直播的日常对话。厨艺好的他精通陕西美食的制作方法，总被网友们误认为是某家饭店的大厨。如今他已在快手吸引了 320 多万“吃货”的关注，在 61 岁时火了。

“乔叔这辣子咋卖啊，您别干馋我们啊！”“做菜我可能是学不会了，您直接卖点万能的油泼辣子‘解救’我吧。”面对“粉丝”们的要求，一开始他有种有劲儿使不出来的感觉，知道这是个把陕西美食推出去的好机会，但不知道从哪儿开始，比老乔更懂互联网的小乔便扛起了这个担子。在直播中提起当初小乔东奔西跑的经历，网友们亲切地送了小乔一个新身份：老乔经纪人。

据小乔介绍，当初为了鉴定自家的油泼辣子是正宗且符合大众口味的，他跑遍了陕西，找了陕西老师傅、资深“吃货”、普通食客等 1000 多人品尝，最终在老乔的版本上加以完善，通过快手售卖后好评如潮，订单量骤增，老乔父子就这样糊里糊涂却又认认真真地成了“个体户”。他们现在收获颇丰，实现了文化输出和经济收入的双赢。

“一个人一个口味，只要您收到了食物觉得不合口，就直接和客服说，我们给您退货”老乔父子和人们认知中的商家不太一样，作为卖食物的店家，在没有质量问题的情况下，即使是不合口也给退货，这不是亏本买卖吗？

老乔在直播中回答了人们的疑惑：“我们又不是买卖关系，大家之所以成为我的‘粉丝’，其实是因为大家信任我，我自然也得让大家吃得舒心。”不忘初心的老乔父子，在做生意的道路上顺风顺水。基于信任关系催生的“老铁经济”既有温度又有忠诚度，正在不断推动不同地域、不同人群间的理解互动和文化交融。

（资料来源：微信公众号——文化养老，https://mp.weixin.qq.com/s?__biz=MjM5NTI5ODkwMw==&mid=2247494718&idx=3&sn=508cfee6fac38eff035708edbfb481ae&chksm=a6f80706918f8e1081efa68ba9be23fd8a65dcf6ffb98eb0549133e3d87b929b03280a904b38&scene=27）

3．网络直播 3.0 时代：以推荐为主的带货模式

带货模式指的是主播以关键意见领袖（Key Opinion Leader，KOL）的身份，通过直播形式推荐产品并最终达成交易的电商形式。与传统电商相比，直播带货电商模式具有去中心化、强标签化、强互动性等特点。

在带货模式中，达人主播凭借某个领域的专业知识成为关键意见领袖，逐步从垂直化产品直播销售发展到全品牌产品的销售。这种带货模式又可称为达人模式。达人主播消费影响力的形成遵循一个路径模型，如图 1-2 所示为达人带货模式路径模型。

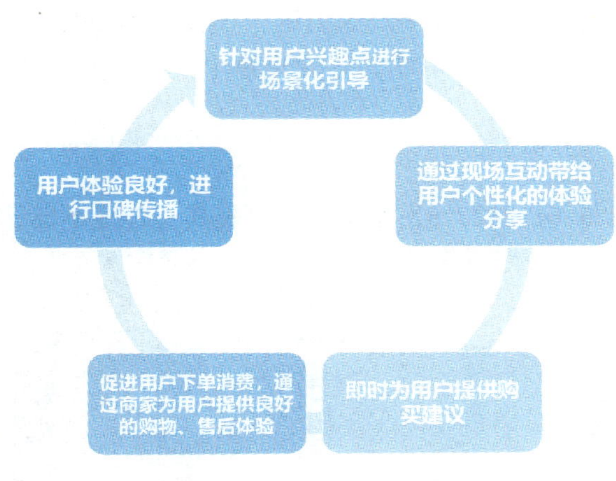

图 1-2　达人带货模式路径模型

（1）达人主播基于专业知识，针对用户的兴趣点，进行场景化引导。

（2）通过真实使用用户的评价反馈与现场互动，为用户带来更加专业、个性化的体验分享。

（3）利用直播的即时反馈特性，现场为用户提供建议并发送促销优惠，为用户提供有针对性的购买建议。

（4）促成用户下单消费，商家要通过优质的产品与贴心的服务，为用户提供良好的购物、售后体验。

（5）用户有了良好的体验，为品牌进行口碑传播。

以推荐为主的带货模式，也就是现阶段所指的“直播带货”或“直播电商”，目前以淘宝、快手、抖音为主，京东、拼多多、有赞等电商平台也开始涉及直播带货业务。

2016 年 5 月，一款专注时尚女性消费的软件“蘑菇街”上线了直播功能，成为其新的盈利点，并使其营收取得了明显的改观。同年，淘宝正式上线直播功能，随后各个电商平台也纷纷开启直播功能。2017 年，淘宝直播和天猫直播合并，阿里巴巴开始加速布局电商直播。与此同时，快手也推出了具有平台保障的直播带货渠道，实现了快速挖掘平台用户消费潜力

的目的。2020年年初，电商直播再一次出现在了大众面前。同年7月6日，“互联网营销师”正式成为国家认证的职业，为带货主播提供了职业化发展的道路，同时也为电商带货的市场化和规范化增设了一层保障，使电商直播获得了更好的发展。

【课堂小贴士】

据中国互联网络信息中心（CNNIC）在京发布第48次《中国互联网络发展状况统计报告》中显示：截至2021年6月，我国网民规模达10.11亿，较2020年12月增加2175万，互联网普及率达71.6%。10亿用户接入互联网，形成了全球最为庞大、生机勃勃的数字社会。

截至2022年6月，我国网络直播用户规模达7.16亿，较2021年12月增加1290万，占整体网民的68.1%，如图1-3所示。其中，电商直播用户规模为4.69亿，较2021年12月增加533万，占网民整体的44.6%。

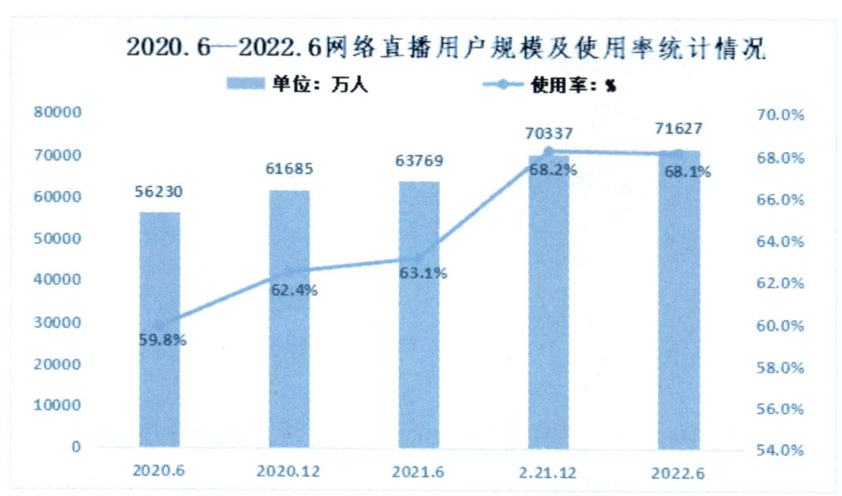

图1-3　2020.6—2022.6网络直播用户规模及使用率

随着我国网民规模进一步扩大，消费者对直播互动性、社交性、娱乐性特点的认知加深，直播带货给观众提供了更优惠的价格、更直观的介绍、更高度的信任，用户群体对网络直播和直播电商接受度正逐步提高，用户日均观看直播的时长持续增加，直播电商用户在整体网民中占比增加明显，越来越多的人认可在直播间购物的消费方式。

2020年中国直播电商市场规模达1.2万亿元，预计未来三年年均复合增速为58.3%，2023年直播电商市场规模将超过49万亿元。直播已经成为电商市场常态化的营销方式与销售渠道，未来电商下单用户数、下单频次以及客单价均会继续提升，其中下单用户增幅较大，下单频次增幅较小，两者预计会较快趋于饱和，客单价增幅较小，但预计将会长期持续增长。直播电商在社会消费品和网购市场也有较快的渗透，2020 年直播电商在社会消费品零售总额的渗透率为 3.2%，在网络购物零售市场的渗透率为 10.6%，预计 2023 年可达 24.3%。

二、直播电商的内涵

在“直播+”全面发展的背景下，网络直播呈现多元化发展态势，而直播电子商务（以下简称“直播电商”）就是来源于网络直播的一种应用模式。

1. 直播电商的定义

作为一个新兴领域，业界和学术界对直播电商有不同的定义。中国消费者协会认为，直播电商是一个广义的概念，直播者通过网络的直播平台或直播软件来推销相关产品，使受众了解商品各项性能，从而购买商品的交易行为，可以统称为直播电商。还有学者认为，直播电商是企业电商平台推出的以直播形式销售商品，以高互动性、娱乐性、真实性和可视性为特点，以提高消费者购物体验为目的的营销模式。

笔者认为，直播电商是电子商务的衍生模式，是在电子商务环境下使用直播媒介，以促进商品或服务的购买与销售的一种商务模式。需要注意的是，直播电商有着区别于传统电子商务的商业逻辑，并不是直播媒介和电子商务的简单叠加。

2. 直播电商的本质

直播电商的本质是电商消费场景的升级。消费者不再只是关注商品的价格、功能，而是越来越注重在整个消费过程中所获得的精神体验。直播电商构建了“直播+电商”的消费场景，主播能为用户推荐各类物美价廉的商品，还能向用户分享与商品相关的有价值的知识，电商消费场景也因此变得更加丰富、生动，能更好地满足用户的需求。

传统的商业营销本质是围绕“人、货、场”三个核心要素的关系重构展开的，如图 1-4 所示。所谓“人、货、场”也就是消费者、商品、连接消费者与商品的渠道。目前在零售业的发展过程中，传统线下商业、传统电商和直播电商这三个阶段有着不同的关注焦点，分别是“以场为本”、“以货为本”和“以人为本”。

（1）以场为本

传统线下商业的经营是“货等人”，“场”是整个业务关系的核心，所以大型的综合商超，如一站式购物的苏宁、国美等电器商城，都是在主流的商圈做出整个消费场景，在“场”内布置满满的“货”，等“人”来完成消费。

（2）以货为本

传统电商的经营是“人找货”，“货”是整个业务关系的核心。得益于互联网的信息传递高效率，一个网站就可以完成几乎所有商品的上架，当商品可以近乎无限上架的时候，“人”的消费大多数都带有明确的目的，在代表“场”的电商平台中通过搜索完成对“货”的消费。

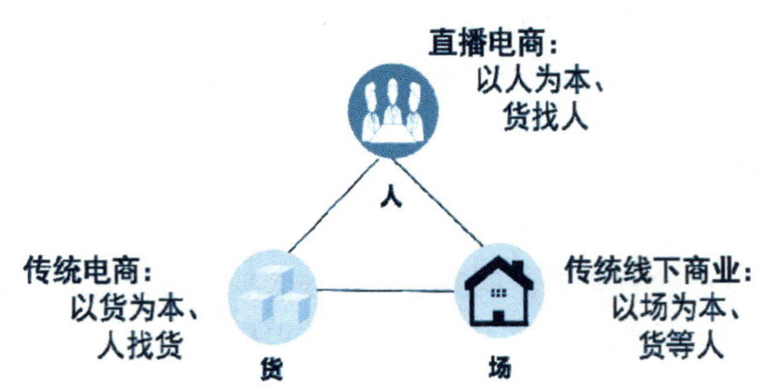

图 1-4 “人、货、场”三个核心要素

（3）以人为本

直播电商的经营模式是“货找人”，“人”是直播电商业务关系中的核心。直播要既能满足“货”的动态化展示，使直播更真实有效；同时又能实现主播的人设经营，积累用户的信任度，最终让用户都变成主播的粉丝。直播转化的关键在于经营“人”，精准匹配粉丝的喜好和需求，是典型的“货找人”，也就是主播依据用户的喜好和需求向其精准地推荐商品，降低用户购物决策的时间和难度。

“以人为本”的“人”有两个含义：第一个是直播电商中的主播；第二个是直播电商中的消费者。主播要依靠不断输出内容，让消费者认可并成为其粉丝，才有可能进一步了解粉丝的需求，实现商品的精准推荐。在直播电商中，主播并不是帮品牌商卖商品，而是帮用户买产品。

当“人、货、场”的商业关系以“人”为核心的时候，直播电商的逻辑就不是传统电商的逻辑。直播电商并不是电商的简单升级，不能单纯地把直播当成电商的新渠道。直播电商提供给企业另一种经营品牌的路径。借助直播的高效率，企业一方面可以提高渠道效率和销售转化效率，另一方面也可以通过经营直播主播的人设，促成粉丝积累和商品销售转化，进而实现品牌的建设。

3. 直播电商的特性

直播电商借助直播媒介开展电子商务活动，具有实时性、真实性、直观性、互动性和精准性五大特征。

（1）实时性

借助电商直播平台，主播能够实时与用户分享自己的生活日常，主播除了主动输出的话语、表情、动作外，还可将自身所处的环境、场合、氛围等附加信息一并传递给用户，这类动态化的内容对信息的包容度更高，更适合进行信息的传递。与此同时，用户也可以通过评论的方式对主播发布的相关信息进行实时交流互动，主播能够在看到互动评论的第一时间做出回应。

直播信息的实时输出给了主播更多临场发挥的机会，也为用户营造了一种开放性、场景化的对话方式。

（2）真实性

一方面，直播的实时传播使得主播难以“调试”自己，主播的举动都被实时传输到观看直播的用户面前，大大降低了网络的虚拟感，让用户获得更加真实的体验感。另一方面，在观看直播的过程中，用户可以就商品的相关问题与主播进行实时互动，主动向主播咨询和获取商品的有效信息。

直播可以有效提升商品信息内容传播的真实性，而用户对于真实信息的依赖性将转化为对平台和主播的信任。对于商家来说，获得用户的信任能增加商品的回购率以及促进用户对商品的口碑传播。

（3）直观性

区别于传统电商平台上的文字和图片，在直播过程中，主播能够对商品进行全方位的展示，不但可以将商品的设计细节更加直观地呈现给用户，而且还可以对商品的使用方法和技巧进行示范，让用户在了解商品的同时也可以掌握一些商品的使用技能。

例如，在服装类商品直播过程中，主播会在直播间标注自己的真实身高、体重、三围等身体数据，之后对衣服进行试穿。用户依据主播的数据以及试穿结果，就能对衣服的信息有更直观的认知。直播让用户更直观地获取商品信息，使用户的信任感和体验感进一步提升。

（4）互动性

与传统的商品展示相比，直播电商具有很强的互动性。在直播的过程中，弹幕是非常重要的交流工具，用户在发送弹幕评论时，除了与主播进行实时互动，也可以与其他用户进行实时互动，弹幕架起了用户与主播、用户与用户之间沟通的桥梁，从而营造了一种聚众观看直播的虚拟体验，满足了用户的陪伴需求和社交需求。

电商直播的这种双向互动，不仅让用户在接收信息时有更多的参与感和发言权，满足了用户的支配需要，也可以使他们与那些有相似观点或意见一致的人进行互动交流甚至互相关注，满足了用户的社交需求和认同需要。

（5）精准性

面对互联网上的海量信息，用户难以识别信息的有用性，而直播电商能够针对用户进行精准的传播，传播的内容对用户来说是有用的精准信息。进入直播间的用户是对商品感兴趣的目标用户，电商直播聚集了有共同购买意愿的人群，因此，具有高度的精准性。

用户接触直播电商带有购物的目的，通过与主播的多次互动会表现对某一特定商品的兴趣，此时主播就能精准把握用户的需求。主播通过对用户疑问的解答和多次商品展示，加深用户对于商品的认知，提供对用户有用的精准信息，极易完成商品的销售。

三、直播电商的发展现状

直播电商自 2016 年兴起，于 2019 年全面爆发，通过分析其发展历程、发展模式与发展动因，我们可以对直播电商有更清晰的了解。

1．直播电商的发展历程

2016 年，直播电商初步兴起，淘宝、蘑菇街、京东等电商平台率先探索直播电商模式。2017 年，淘宝直播网红涌现，一些主播抓住了直播电商新风口，成了行业的标杆。2018 年，直播平台、MCN（Multi-Channel Network）机构和主播等产业链各环节快速成长，并开始向精细化运营方向发展。2019 年，直播电商全面进入爆发期，腾讯、小红书、拼多多纷纷进行直播电商的尝试，直播电商的发展历程如图 1-5 所示。

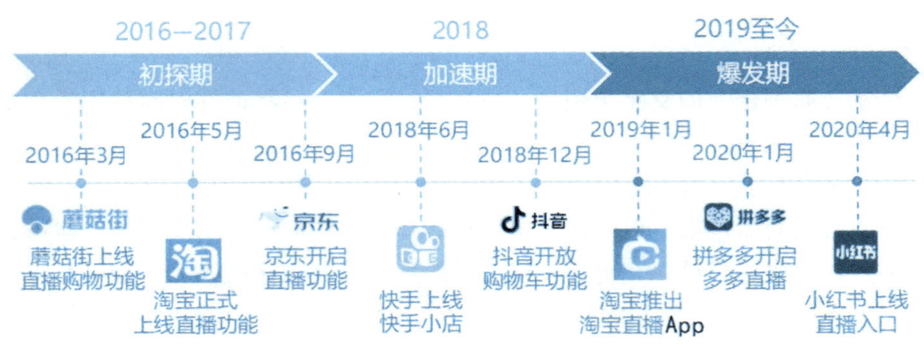

图 1-5　直播电商的发展历程

2．直播电商的发展模式

直播为电商赋予了新的发展动能，淘宝、快手、抖音、拼多多等平台切入直播电商渠道。其发展主要有两种模式：一种是电商平台增加直播模块，探索电商内容化，通过直播增加电商平台流量，如淘宝、拼多多、京东等；另一种是内容平台增加电商模块，探索内容电商化，为已有流量变现，如快手、抖音等。如图 1-6 所示为直播电商的两种发展模式。

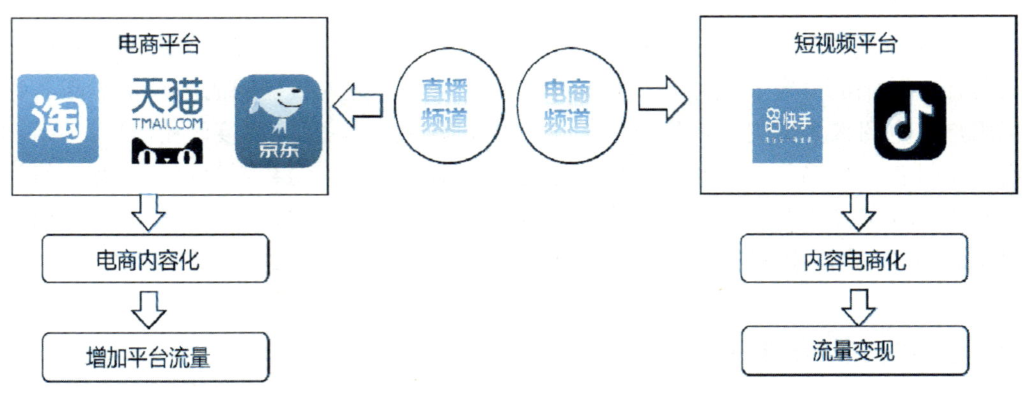

图 1-6　直播电商的两种发展模式

3. 直播电商的发展动因

直播电商发展至今，经历了红利期、成长期、蓄能期，其发展动因主要有以下六个。

（1）提升用户体验的必然趋势

从传统电商的自助搜索到直播电商的实时导购，直播电商实现了购物过程的及时性，增强了互动性。主播利用自己的专业知识帮用户挑选好的商品，为用户节省了购物时间，并使用户以更优惠的价格购得商品，进而提升用户总体的购物体验。

（2）电商平台流量红利趋弱

由于网购用户数量增速降低，用户花在移动购物上的时间占比减少，传统电商平台需要通过社交内容化去解决用户黏性、留存的难题。直播平台是解决上述问题的一个新途径，是未来流量红利的主要聚集点。

（3）内容平台新商业变现模式

以抖音、快手为代表的短视频、直播平台迅速发展，对移动时代用户具有巨大的吸引力。除广告和打赏外，流量转向电商变现，是短视频、直播平台等内容平台的新商业变现模式探索。

（4）5G 等新一代信息奠定技术基础

随着 5G 手机、5G 基础设施的建设和普及，AR/VR 技术的发展，直播电商这种新的消费模式开始兴起并不断升级。5G 技术高带宽、低延时、连接广的三大特性使直播体验发生极大的改变，由于带宽的增加，用户的视觉体验感增强，而低延时和多人连接将使用户的参与感、互动感得到极大提升，后续品牌商还会根据 5G 的特性开发新的内容和玩法，5G 技术将在直播行业占据重要地位。

（5）完善的供应链助力直播电商发展

直播电商其实早已出现，而在 2019 年迎来大爆发得益于传统供应链效率的极大提升，主播不需要管理采购、生产、仓储物流等一系列问题，只需要将直播间所产生的订单发给商家即可，这打通了上、中、下游的全产业链，将直播电商的影响力发挥到极致。

（6）受新冠疫情影响，线上消费需求激增，消费习惯发生变化

2020 年，新冠疫情暴发，受新冠疫情影响，一方面，大部分人隔离在家，线上娱乐和购物次数增多，直播电商行业得到了迅速发展。另一方面，世界格局逐渐发生重大变化，线下业务转型到线上业务的趋势逐渐明显，被迫放缓的线下市场逐渐发现，通过直播的方式可以带来巨大的流量增量。

四、直播电商的商业价值

直播不但可以帮助企业高效获取精准用户，而且可以有效提高销售效率。直播电商有着独特的商业价值。

1. 直播已成为企业品牌建设的有效路径

随着新媒体营销时代的到来，视频化成为主流，用户的阅读习惯已发生变化。随着 Wi-Fi 的普及、宽带费用的下降，更为丰富且生动的直播、短视频获得更多用户的青睐，用户更愿意通过直播、短视频来了解和获取更多的信息。

在媒体视频化的趋势下，直播替代传统的录像、图文记录，成为更多企业的选择。在直播页添加企业产品信息、活动图文介绍、视频等资料，用户不但能够与企业实时对话，而且也加深了对企业品牌的印象，直播已成为企业品牌建设的必要路径。

2. 直播可帮助企业高效获取精准用户

企业品牌营销的目的是发现或挖掘用户需求，让用户了解企业的产品，并最终形成用户消费黏性，直播帮助企业高效获取精准用户的途径如下。

（1）通过 KOL 获取精准客群

关键意见领袖（Key Opinion Leader，KOL）是营销学的概念，是指拥有更多、更准确的产品信息，且为相关群体所接受或信任，并对该群体的购买行为有较大影响力的人。

直播是主播 KOL 以其品位、知识为主导，进行产品选款和视觉、知识推广，在社交媒体上聚集人气，依托庞大的粉丝群体进行精准营销，从而将“粉丝”转化为购买力的过程。

在广度上，主播 KOL 通过其在“粉丝”中的影响力，帮助企业提高产品的客群覆盖范围，帮助企业品牌产品实现“获客拉新”。

在精度上，主播 KOL 凭借独特的个性特征都有各自的“粉丝”群体，企业通过配对合适的主播 KOL，并设计针对性的营销内容，能够更加精准地实现定位客群营销。

（2）直播 IP 的打造和积累

IP 其实就是“知识产权”（Intellectual Property），是文化积累到一定量级后所输出的精华，具备完整的世界观、价值观以及粉丝群，能与人们产生文化与情感上的共鸣。

企业打造 IP，通俗来说就是打造有影响力的个人或品牌。在直播过程中，用户对产品的转化动力，更多来自对主播本人的信任。优秀的主播几乎最终都会走向 IP 化的道路，直播帮助企业建立起来的主播人设 IP，就是企业所拥有的品牌资产，可帮助企业完成精准用户的获取。

3. 直播可有效提高企业销售效率

对企业而言，直播工具由于实时性强、内容互动性强、“粉丝”黏度高的优势，不仅能为企业带来粉丝量级的增长，还可带来高效的变现渠道。

（1）直播可有效提高企业渠道效率，加强与消费者的沟通

产品销售是直播电商的最终目的，高效率的销售渠道也是企业的重要竞争优势。从渠道搭建的过程来看，速度是渠道获取效率的基础，正确的信息是渠道效率的保障。与传统电商相比，企业可以直接通过主播触达消费者，减少了中间环节和渠道成本，并能够借助主播与

消费者强化互动，更好地了解消费者真实的诉求，通过缩短供应链，简化渠道与人的相互作用，有效提高了渠道效率。

（2）直播可有效提高产品销售转化效率

直播通过现场互动的方式刺激用户在观看过程中直接购买，在通常情况下，粉丝多的主播能够为用户获取更大的产品优惠力度，用户也更容易进行冲动消费。此外，主播借其强大的内容营销能力，通过理念传递和消费习惯培养，进一步刺激用户产生购买产品的欲望，并持续地进行复购。

任务二　直播电商的产业链

直播电商的产业链由品牌商、MCN 机构、主播、消费者、直播电商平台等构成，这节将对直播电商的产业链作详细介绍。

一、品牌商

在直播电商产业链中，品牌商作为供应方位于上游。品牌商入驻直播电商平台，基于平台的大流量，通过与 MCN 机构、主播的合作，品牌商可以提高其渠道效率和销售转化效率，建设品牌形象，维护与消费者的关系。

1. 品牌商开展直播电商活动的主播选择

品牌商开展直播电商活动，主播选择的方式有两种。

（1）通过 MCN 机构对接主播

这种方式的优点是 MCN 机构可以根据品牌商的需求匹配合适的主播，并提供一整套的解决方案，但缺点是所支付的服务费和销售分成较高，成本较高。

（2）商家自播，即品牌商自行开展直播电商活动

这种方式包括企业自己培养主播、入驻平台、管理用户、提高流量等活动，对品牌商的资源整合运营能力要求较高，但这种方式的优势突出，主播一般是企业内部的员工，更了解商品，成本比较低，能更有效地经营与消费者的关系，是一种可持续发展的方式。

2. 品牌商开展直播电商的直播策略

对品牌商来说，通过直播可以提高品牌影响力，为线上店铺引流，品牌商的直播策略有以下两种。

（1）品牌推广

通过大数据精准筛选直播人群、匹配主播，集中带货一两款具有爆款效应的单品，快速形成好的市场口碑，再切入电商矩阵和传播矩阵以撬动更大的市场。

（2）去库存

通过多场直播，以较低价格快速促销一些长期积压的库存商品。如果能够将过去的分级经销商转化为主播队伍，再结合社交电商，那么每位主播本身就可以压货和垫付资金，可进一步加速去库存。

二、MCN 机构

MCN 机构最初是从 YouTube 上衍生出来的，可以将其理解为 YouTube 平台上的内容创作者和平台之间的中介。

在国内，随着短视频行业、直播行业的发展，MCN 机构实现了爆发式的增长。专业的 MCN 机构涵盖的工作包括网红的筛选和孵化、内容的开发、内容平台技术性支持、持续性的创意输出、用户的管理、平台资源对接、活动运营、商业变现等繁杂的工作。

在直播电商产业链中，MCN 机构在确定品牌商及自身需求后，对已有资源进行分配，并将任务发放至签约主播，之后再通过自身流量渠道进行推广，从品牌商提供的服务费、平台提供的销售分成以及消费者的相关消费中获得收入。

MCN 机构为品牌商匹配符合其需求的主播并提供渠道资源支持，为主播选题、组织内容生产、拍摄、剪辑等阶段提供专业、高效的支持，为直播电商平台提供丰富的优质内容以构建更完善的内容生态。总的来说，通过 MCN 机构，直播电商整体商业模式可以得到有效的优化。

三、主播

在直播电商产业链中，主播基于直播平台面向消费者进行直播，在直播过程中推荐、销售商品，可以通过 MCN 机构对接品牌商或直接对接品牌商获得服务费和平台的销售分成。

主播是传统商业导购人员的升级版，是品牌商开展营销推广活动的重要角色。在广度上，主播凭借其专业的知识、强大的导购能力提高其在消费者中的影响力，帮助品牌商扩大客群覆盖范围。在精度上，主播凭借独特的个性特征与个人魅力一般都拥有喜好鲜明的消费者“粉丝”群体，品牌商通过配对合适的主播，并设计有针对性的营销内容，能够更加精准地实现定位客群营销。

主播按照身份和等级两种标准可进行不同的分类。

1. 按主播身份分类

主播按身份可分为以下四类，如图 1-7 所示。

（1）平台主播

入驻直播平台、有一定直播经验，产品品牌集中于某一领域或全品类带货，直播带货能力相对较强。

图 1-7　按主播身份分类

（2）名人+主播联播

名人进入主播直播间后，主播的导购、销售能力结合名人的流量、影响力，分别作用于商品的“量”与“价”。

（3）特色主播

不具有直播经验，但因某种特定的身份而具有一定影响力，如某农产品产地县长、某品牌总裁等，特殊的身份背书会加强消费者对商品的信任度。

（4）商家自播

品牌商工作人员开直播进行商品推荐，对商品和品牌比较熟悉，介绍较为专业，这种类型的直播推荐的商品品类有限。

2. 按主播等级分类

以淘宝直播为例，主播分级涉及的维度包括：直播场次、直播时长、平台活动完成率、“粉丝”留存率等。主播分为 3 个级别：TOP 主播、腰部主播、新进主播，如图 1-8 所示。

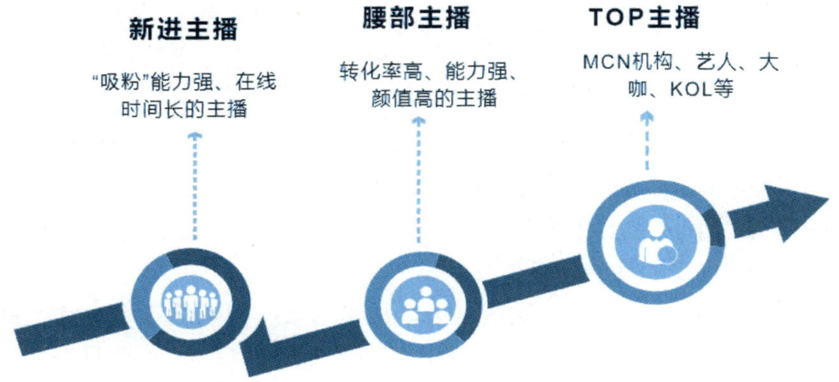

图 1-8　淘宝主播分级运营

案例 1-2

11 位县领导直播带货，销售千万元滞销农产品

2020 年，面对新冠疫情带来的严峻挑战，农产品流通、销售受到极大限制，农民辛苦耕作产出的农产品面临滞销的困境。为支持疫情影响下生鲜农产品“保稳供应”，快手推出“全民战疫，携手助农”活动，从多个层面帮助农户和企业销售产品，让消费更有温度，促进农业稳定可持续产销。

自 2020 年 3 月 3 日开始，来自河北、广西、山东、河南、新疆、陕西、辽宁等多个地区的 11 位副县长、县领导，在快手披挂上阵，加入直播带货的大军，通过各种方式推销当地农产品，获得快手上百万“老铁”的围观点赞。

据了解，此次活动是快手“携手助农”活动的第三期，主题为“百城县长直播助农”，本次活动在国家广播电视总局网络司的指导下，由快手电商和快手扶贫共同发起。快手邀请了来自全国不同地区的 11 位副县长、县领导及多位快手电商“大 V”，在 2020 年的 3 月 3 日至 3 月 10 日每天下午和晚上的黄金时段进行直播，并在 3 月 8 日晚 8 点至 9 点期间，联动 9 位县长同时上线，展开多链路直播。

同时，快手上线“百城县长直播助农”活动专区。活动期间，快手将对应每位县领导匹配“爱美食的猫妹妹”“诺爸一点点学厨艺”“李宣卓”“龙团胜雪”“彩云海鲜”“老狗”“二子爷”“巧姐姐”等诸多千万粉丝量级以上的爱心主播进行连麦互动，同时还提供流量支持，助力滞销生鲜农产品销售。

（资料来源：鞭牛士，https://baijiahao.baidu.com/s?id=1660923442918552680&wfr=spider&for=pc）

四、消费者

在直播电商产业链中，消费者作为需求方位于产业链的下游。消费者进入直播电商平台观看主播的直播，受主播的商品推荐影响而在直播电商平台进行消费，同时还可能会关注主播，主播也可以经营与消费者之间的关系。

中国消费者协会于 2020 年 2 月组织了一次直播电商购物消费者满意度调查，这次在线调查共收集到来自 12 个直播电商平台的消费者样本 5333 份。中国消费者协会于 2020 年 3 月发布《直播电商购物消费者满意度在线调查报告》，指出消费者的直播电商购物行为如下。

（1）消费者通过直播购物的频率

超半数消费者购物频率在每月一次及以上。从常用人群的购物频率来看，每月一次及以上的占比为 55.2%；每 1～3 个月消费一次的占比为 35.6%；每 4～6 个月消费一次的占比为 6.5%；每半年消费一次的占比为 2.7%。从数据反映的趋势来看，消费者在 3 个月内购物一次及以上的占比为 90.8%，这说明消费者持续观看直播后尝试购物的可能性是逐渐增加的。

（2）消费者通过直播购物的品类偏好

从直播购物品类偏好来看，消费者在直播电商平台购买的品类大多为服装、日用百货、美食、美妆，其中选择服装的消费者最多，占比 63.6%，如图 1-9 所示。

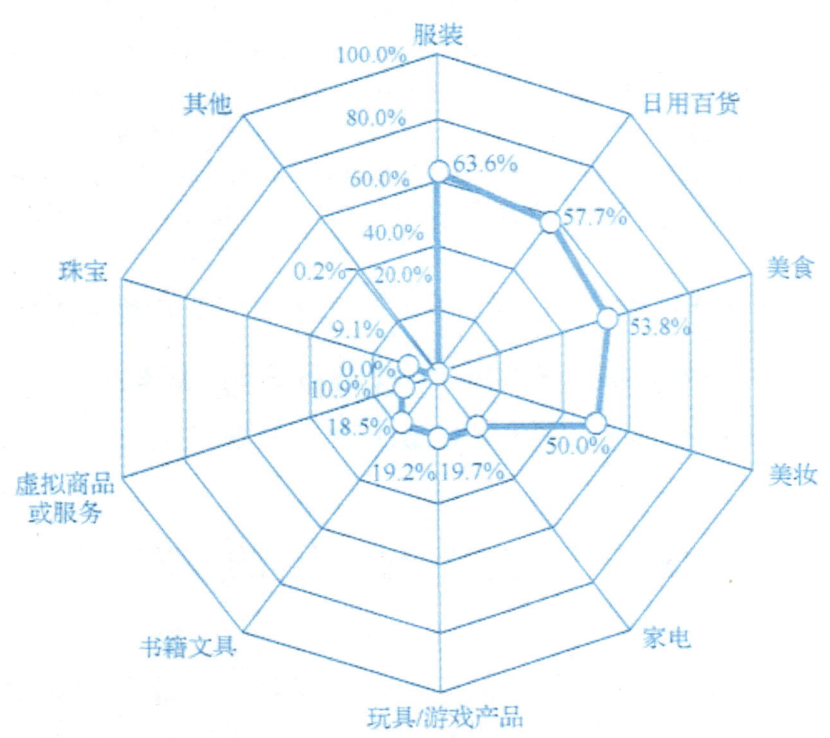

图 1-9　直播电商购物群体品类偏好

（3）观看直播的主要原因是了解商品信息

调查数据显示，消费者选择观看直播最主要的原因是通过直播了解某一商品的详细信息和商家做活动的优惠信息，占比分别为 49.5%和 47.5%。约 25%的受访者表示观看直播是因为无聊，想要打发一些时间。直播电商购物人群驱动因素。

（4）商品性价比和喜欢程度是影响购物决策的关键因素

消费者通过观看直播转而购物的原因很多，排在前四位的是商品性价比高（60.1%）、很喜欢展示的商品（56.0%）、价格优惠（53.9%）、限时限量优惠（43.8%）。总体来看，能够吸引消费者决定购物的主要原因还是商品本身的性价比和价格优惠程度。

（5）担心商品质量没有保障和售后问题是消费者的两大主要顾虑

虽然有很多消费者选择直播电商是比较看重商品的性价比和价格优惠，但是也有一部分消费者并不喜欢使用直播电商购物，主要是因为消费者担心商品质量没有保障和担心售后问题，分别占比 60.5%和 44.8%。

五、直播电商平台

直播电商平台是直播电商产业链的核心，对接其他参与主体：品牌商入驻直播平台，MCN 机构和主播通过直播平台进行直播内容的生产和输出，主播通过直播平台向消费者推荐商品，消费者通过直播平台观看直播、关注主播、进行消费。

直播电商平台一般涉及电商平台、内容平台、直播模块和电商模块等主体，电商平台具有电商业务优势，而内容平台具有流量优势。直播电商平台的组成方式有三种。

（1）电商平台上线直播模块，直播、交易都在电商平台内实现，这种方式以淘宝直播为代表。

（2）内容平台上线直播模块，直播在内容平台内实现，但是交易会跳转到电商平台实现，这种情况下电商平台会向内容平台支付较高比例的佣金。

（3）内容平台除了上线直播模块，同时上线电商模块，使得直播和交易都在内容平台内实现，如快手电商、抖音小店。

任务三　直播电商平台的分析

对于刚进入或转型直播行业的企业和个体来说，了解公域流量和私域流量的特点和区别，选择合适的直播平台，是开展直播电商的第一步。本任务将介绍公域流量和私域流量及常见的直播电商平台。

一、公域流量和私域流量

流量指的是一个网站的访问量，就是访问网站的人数，包括网站的独立用户数量、总用户数量（含重复访问者）、页面浏览数量、每个用户的页面浏览数量、用户在网站的平均停留时间等。流量分为公域流量和私域流量两类。

1．公域流量的概念

公域流量又称为平台流量，它不属于单一个体，而是为集体所共有的流量，是商家通过淘宝、京东、拼多多等平台进行销售所获取的流量。这一类平台的特点是，流量是属于各个平台的，商家入驻后通过搜索优化、参加活动、花费推广以及使用促销活动等方式来获得客户和提高成交量。

公域流量直播的形式一般就是依托第三方平台的直播。商家或品牌自己没有建立相关的用户链接，没有自己的私域流量池，需要借助第三方的流量资源完成直播。

对于商家而言，一方面，依靠平台获取流量，商家不能完全掌控自身的流量分发，获取流量靠付费，流量成本较高；另一方面，一般平台都会把客户、交易相关数据当作核心资产，不会完全共享给商家，商家无法掌控交易的所有数据。公域流量模式存在的问题，催生了商家对私域流量的需求。

2. 私域流量的概念

私域流量是相对于公域流量来说的概念，是指不用付费，便可以在任意时间、任意频次，直接触达用户的渠道，如自媒体、用户群、微信号等，是一个社交电商领域的概念。私域流量的流量转化效率高，通过更便捷、更低成本的触达和运营，可以使一定量的流量获得更高的收入。

私域流量直播的一般形式就是商家或品牌已经建立相关的用户链接，用 App、小程序、微信群等方式建立了用户链接，形成了基于链接的私域流量池，在这样的基础上，企业就可以基于自己的私域流量池进行直播。

例如，步步高近几年借助小程序、微信群建立起来的顾客链接，通过数字化连接起约 2 000 万数字化会员，形成了以私域流量为主导的直播模式。

【课堂小贴士】

流量就像鱼，如果我们想要吃鱼，那么就要自己建鱼塘养鱼，想什么时候吃就什么时候吃；或者去大海或大河里捕捞，运气好的话可能有鱼吃，运气不好的话，就算把网抛完，也不可能闻到鱼腥味。其中，自建鱼塘就相当于是私域流量，在大海或大河里捕捞就相当于是公域流量。

3. 公域流量和私域流量的对比分析

（1）优势与劣势对比分析

公域流量和私域流量有各自的优势与劣势，公域流量和私域流量的对比分析见表 1-1。

表 1-1　公域流量和私域流量的对比分析

流量类型	优势	劣势
公域流量	受众面广，可将品牌快速宣传到各受众人群，形成广而告之的效应；持久化冲击消费者记忆，有助于塑造品牌形象；保持品牌活跃度和竞争规模，提高品牌存活时间	商家不能完全掌控自身的流量分发，流量始终属于平台，企业只能跟随平台的发展规律顺势而为；每次使用流量需支付高昂的费用，商家的获客与转化成本高
私域流量	使用流量无须付费，而且可以反复使用，获客与转化成本低；企业可以随意触达精准消费客群；与用户深度互动，可进行深度渗透，有助于建立深厚的品牌情感	对商家的运营能力要求较高，包括私域流量的获取与运营等

（2）运营逻辑对比分析

公域流量和私域流量的运营逻辑如图 1-10 所示。总体来说，公域流量应该越做越小，发展成企业自身的私域流量，而私域流量应该越做越大，形成裂变，扩大企业的影响力范围。

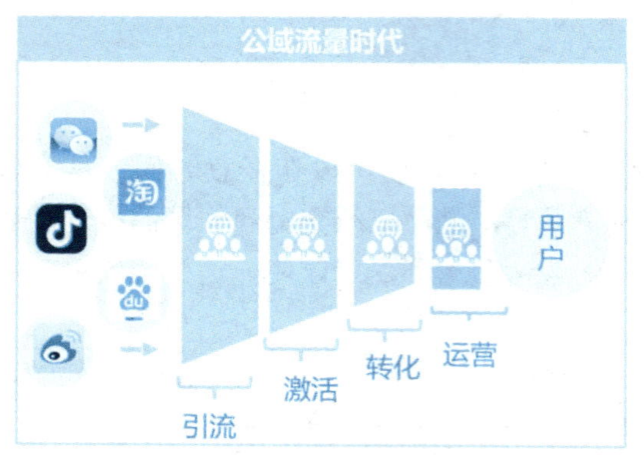

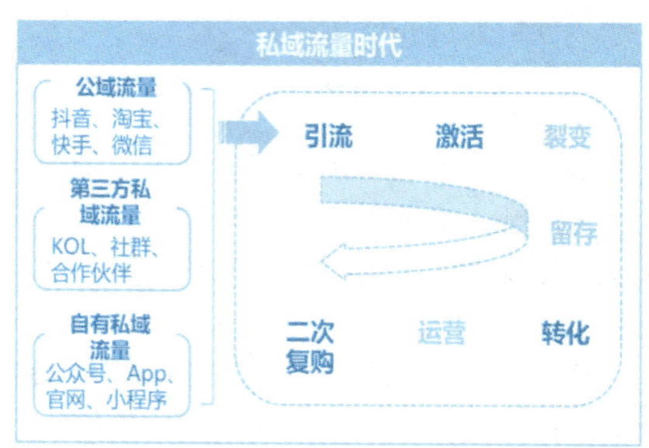

图 1-10　公域流量和私域流量的运营逻辑

二、直播电商平台的差异分析

对企业来说，基于企业的产品特性、营销目标和发展特点选择合适的直播平台尤为重要。2020 年 4 月，Trustdata 发布《2020 年 3 月移动互联网全行业排行榜》，罗列了各大直播电商平台的月活跃用户数量和增长指数。现依据月活跃用户数量将各直播平台分成三大梯队，并简单分析其直播属性（见表 1-2）。

表 1-2　直播电商平台

梯队	直播平台	月活跃用户数量	直播属性
一	淘宝	69 918 万	商家、主播带货
	抖音	46 918 万	网红主播娱乐、带货
	快手	26 853 万	网红主播娱乐、带货
二	微博	28 860 万	KOL、网红主播娱乐、带货
	拼多多	25 216 万	商家店铺带货
	西瓜视频	14 045 万	达人带货
	京东	8 781 万	名人、KOL、商家店铺带货
	小红书	5 354 万	名人、KOL 带货
	哔哩哔哩	4 491 万	UP 主带货

续表

梯队	直播平台	月活跃用户数量	直播属性
三	虎牙直播	3 316 万	游戏直播以互动为主
	花椒直播	2 929 万	生活内容以分享为主
	斗鱼直播	2 666 万	游戏直播以互动为主
	YY	2 372 万	游戏直播以互动为主
	苏宁易购	945 万	商家店铺带货
	蘑菇街	243 万	买手带货，以女性为主

第一梯队直播电商平台分别是：淘宝直播，阿里系的代表；抖音，头条系的代表；快手，腾讯系的代表。下面对这三个不同派系的平台的特征进行对比分析（见表 1-3）。

表 1-3　直播电商平台对比分析

直播平台	快手	抖音	淘宝直播
直播派系	腾讯系	头条系	阿里系
流量来源	私域流量	公域流量	公域流量
月活跃用户数量	2.68 亿人次	4.69 亿人次	6.99 亿人次
平台属性	社交+内容	内容	电商
直播属性	网红主播娱乐、带货	网红主播娱乐、带货	商家、主播带货
产品品类	以食品、生活用品、服装等 非品牌低价商品为主	以服装、美妆等品牌商品为主	淘宝体系内全品类
用户特性	以下沉市场为主	以都市青年为主	多以一、二线城市为主，对四、五线城市的下沉市场也有覆盖

三、常见的直播电商平台

下面我们将详细介绍常见的直播电商平台。依据月活跃用户数量，常见的直播电商平台包括快手、抖音和淘宝直播。

（一）快手

快手是北京快手科技有限公司旗下的产品。快手的前身为“GIF 快手”，诞生于 2011 年 3 月，最初是一款用来制作、分享 GIF 的手机应用。2012 年 11 月，快手从纯粹的工具应用转型为短视频社区，成为用户记录和分享生产、生活的平台。随着 2016 年短视频行业的快速发展，快手迅速占领市场高位。据数据统计，快手 2020 年 3 月活跃用户数为 2.68 亿。

1. 快手的流量逻辑

快手基于“社交+兴趣”的逻辑进行内容推荐，运用“技术驱动的分发机制”，将粉丝数量被赋予的权重降低，加大了视频质量的权重，如此只要视频质量高，受到足够数量的用户点击就能够登上快手的推荐页。快手的弱运营管控直接连接内容创作者与粉丝，增强双方黏性，沉淀私域流量，诞生了信任度较高的“老铁关系”。图 1-11 所示为快手的流量逻辑。

快手
基于用户社交关注兴趣和兴趣调控流量分发
用户

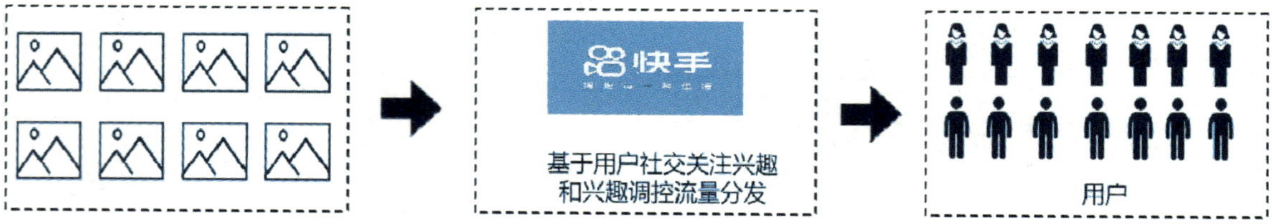

图 1-11 快手的流量逻辑

2．快手直播电商的发展现状

快手开始布局直播电商的时间早于抖音，晚于淘宝，但是却比淘宝更早获得收益，高峰时期成交金额以亿元计，涉足 20 多个垂直细分领域的 6000 多个账号。快手直播电商自 2018 年以来的发展历程如图 1-12 所示。

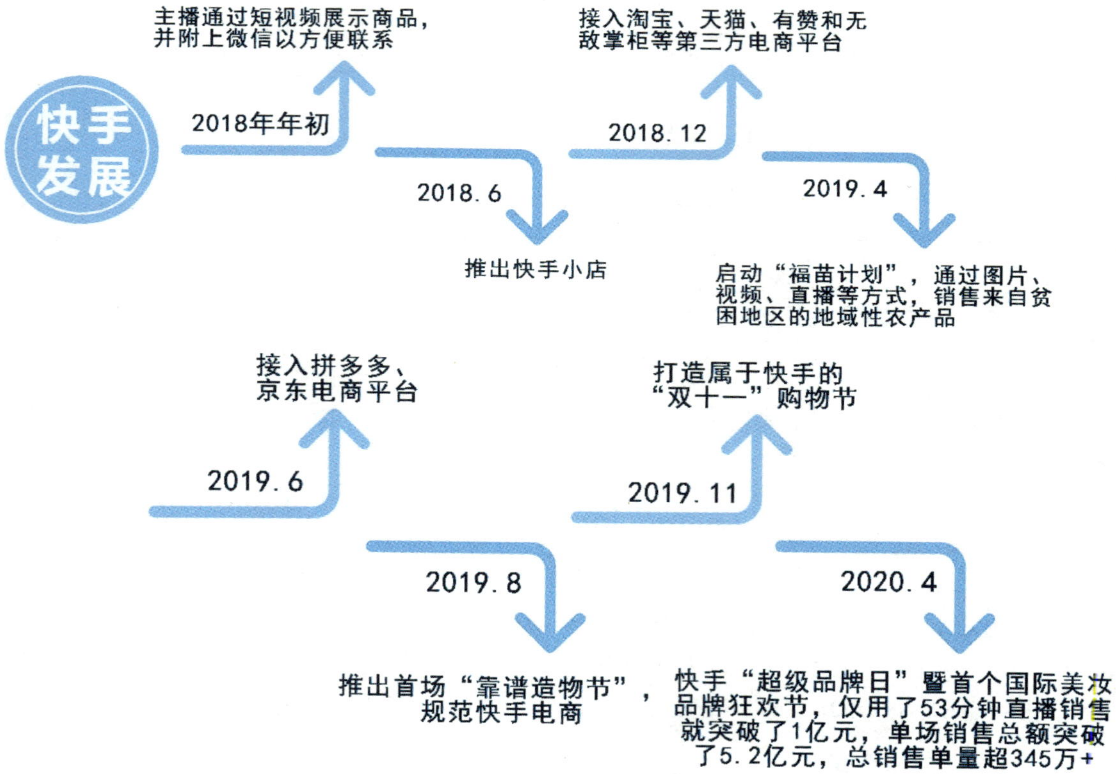
快手发展
2018年年初
主播通过短视频展示商品，并附上微信以方便联系
2018. 6
推出快手小店
2018. 12
接入淘宝、天猫、有赞和无敌掌柜等第三方电商平台
2019. 4
启动“福苗计划”，通过图片、视频、直播等方式，销售来自贫困地区的地域性农产品
2019. 6
接入拼多多、京东电商平台
2019. 8
推出首场“靠谱造物节”，规范快手电商
2019. 11
打造属于快手的“双十一”购物节
2020. 4
快手“超级品牌日”暨首个国际美妆品牌狂欢节，仅用了53分钟直播销售就突破了1亿元，单场销售总额突破了5. 2亿元，总销售单量超345万+

图 1-12 快手直播电商自 2018 年以来的发展历程

快手深耕下沉市场，“小镇中青年”对快手的成交总额贡献巨大。快手与淘宝、有赞等电商平台合作，通过收取佣金或者订单抽成获利。快手基于强社交信任关系驱动，其粉丝质量与私域流量控制力最强，快手的粉丝具有极强的黏性和互动性，快手可以通过优质内容推送快速触达用户，进行用户沉淀，积累粉丝，最终实现电商变现。

（二）抖音

抖音是一款音乐创意短视频社交软件，由今日头条孵化，该软件于 2016 年 9 月上线，是一个专注年轻人音乐短视频的社区平台。用户可以通过这款软件选择歌曲，拍摄音乐短视频，形成自己的作品，平台会根据用户的爱好更新用户喜爱的视频。据数据统计，抖音 2020 年 3 月活跃用户数为 4.69 亿，用户数量迅猛增长。

1. 抖音的流量逻辑

抖音以内容为主要的流量分发逻辑，作为区别于搜索和社交的信息推荐模型，将内容和用户进行匹配。通过系统进行精准推荐是其推荐算法的核心。抖音的流量逻辑如图 1-13 所示。

抖音的初期流量分配首先依据内容质量、用户兴趣和创作者的粉丝数量。其中，内容质量维度包括类别、领域、播放量、评论数、转发数等，用户兴趣包括兴趣、职业、年龄、性别、地点等。然后，抖音基于用户的互动反馈进行二度流量调配，二度考核标准包括完播率、互动率和关注率等。

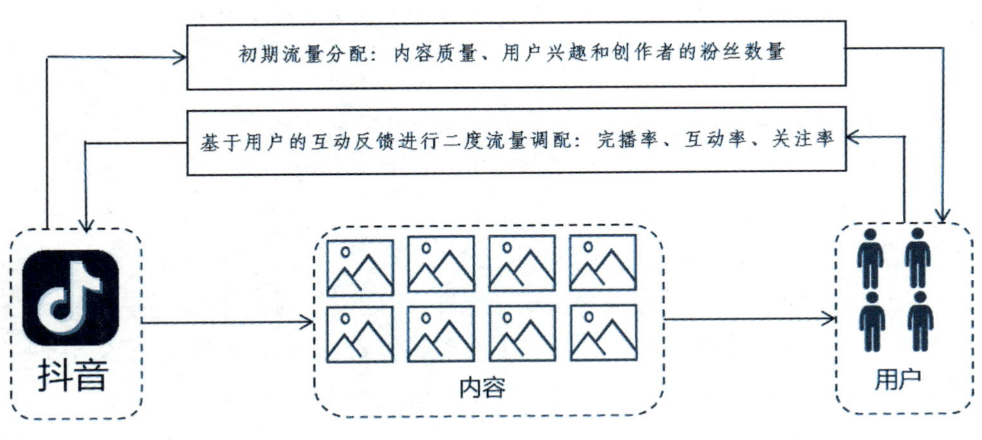

图 1-13　抖音的流量逻辑

2. 抖音直播电商的发展现状

图 1-14 所示为抖音直播电商的发展历程。

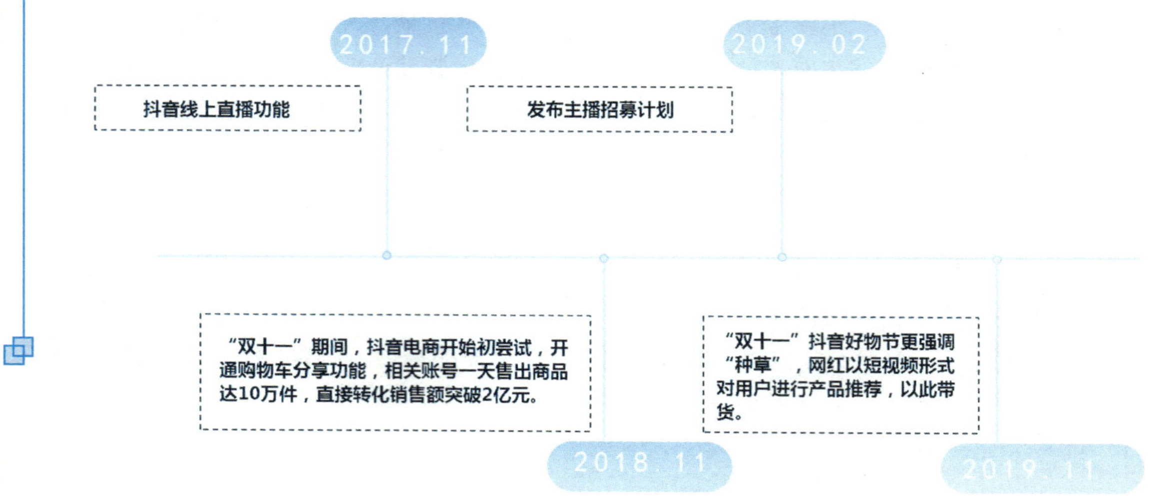

图 1-14　抖音直播电商的发展历程

抖音的流量逻辑使其头部视频的商品容易爆红，实现高流量下的高触达和转换力。但在算法分发模式中，平台掌握信息的分发权，对流量及商业化把控较强，用户更多为被动接收内容推荐，这不利于主播私域流量的运营与深度“粉丝”关系的构建。

案例 1–3

牛肉哥在抖音崛起，拥有超强带货能力靠的是什么

“找到源头，把产品的价格给我打下来！”这是牛肉哥广为人知的一句标志性话语，在他发布的抖音视频中，戴着帽子的牛肉哥总是近乎咆哮似的喊出这句话。在 2019 年“双十一”，他以高达 1.3 亿的直播热度夺得了“双十一”抖音直播种草排行榜榜首的位置。而仅在“双十一”当天，他的自营电商全网成交额为 3450 万元，带货成交金额 6500 万元。牛肉哥在抖音上崛起，拥有超强带货能力靠的是什么？

（1）用“量”累积关注，打造电商导购型账号。据统计，他平均每天会发布四五十条视频，其中旧产品重播视频大概 30 条，新产品推荐视频大约 20 条。从 2019 年 3 月开始，视频的内容形式也基本固定在以场景化的形式简明扼要地向用户推荐性价比高的各种产品，并在视频末尾引导用户留言，以此来满足消费者对于产品的需求。他本质上并不是以内容作为核心的驱动力，而是希望用户进入其账号主页后就如同在逛杂货铺一般，不管是在哪个时间点都可以看到正在销售的商品。其通过高频率、大面积的量产短视频多次反复触达，以此来产生大量的长尾销量。

（2）选择合适品类，激发消费者需求。2018 年，凭借着“煎牛排要封边”“牛排不要洗，因为自来水脏”等争议性视频，牛肉哥打破了传统市场上调理牛排占领天下的局面，引入了进口原切牛排，并创造了非常可观的销售佳绩。而现在，他涉足的品类不再局限于牛肉，红

酒、衣服、裤子、手表、首饰、美妆，甚至奢侈品等品类逐步出现在他的“杂货铺”中。

（3）薄利多销是“把价格打下来”的本质，在他看来，“找到源头、薄利多销”是其营销的本质。那么，他是如何把价格打下来的呢？在接受其他媒体采访时，他曾透露过自己实现低价的三个路径：一是跳过中间商，亲自到源头采购，通过抖音这些自媒体把流量成本降低，然后把价格打下来；二是给平台带流量，让平台降低产品价格；三是品牌补贴，服务产品宣传需求。这种近似“扒行业底裤”的做法塑造了他的“供应链”人设，即拥有丰富的供应链资源，能到源头采买，“把价格打下来”。虽然这种做法在相关行业内部引起了诸多不满和质疑，但却很容易在消费者当中建立起信任感。

未来，还有哪些产品的价格会被他“打”下来，以及他还能创造怎样的带货奇观？一切都还是未知数。

（三）淘宝直播

淘宝为目前发展直播电商模式最为成熟的平台，主要分为达人带货和商家自播，90%直播场次和 70%成交额来自商家自播。淘宝直播进店转化率超 60%，但退货率也较高。据数据统计，淘宝 2020 年 3 月活跃用户数为 6.99 亿，用户基数庞大，但应用社交属性较低。

淘宝直播的产生是基于整个淘宝平台的，所以淘宝用户在适当的引导下都有可能成为淘宝直播的用户。用户在淘宝直播中购物需求相对明确，所以用户在使用淘宝直播时，是想更具体、更有针对性地了解某产品。

1. 淘宝直播的流量逻辑

淘宝直播平台的流量分配评判原则会参考内容建设，内容建设的评判标准包括内容能见度、内容吸引度、内容引导力、内容获客力、内容转粉力（见表 1-4）。

表 1-4　内容建设的评判标准

评判标准	评判标准内涵	考察内容
内容能见度	内容所能覆盖消费者的广度越大，被覆盖的人群受众越广，内容能被看见的概率越大	直播的运营能力
内容吸引度	在单位时间内，粉丝是否在直播间进行停留、互动、购买	产品构成及主播吸引力
内容引导力	把粉丝留住并引导其进店主动了解商品的能力，与内容吸引力息息相关，可依靠主播的话术建设来提升	主播控场、吸引力
内容获客力	代表内容与消费者购买行为产生引导转化的能力，也就是了解产品后进行了购买行为	全面
内容转粉力	通过持续性的内容输出，将只是短暂停留的游客变成有目的、停留时间长的铁杆粉丝	全面

2. 淘宝直播电商的发展现状

《2022 直播电商白皮书》数据显示，2022 年 6 月，我国电商直播用户规模为 4.69 亿，较 2020 年 3 月增加 2.04 亿，占网民整体的 44.6%。估计 2022 年全网直播电商的 GMV 为 3.5 万亿元左右，占全部电商零售额 23%左右。

总体来说，刚进入直播行业或转型直播行业的企业应该从自身的条件出发，选择合适的直播电商平台：企业在既有品牌又有私域流量的情况下，首选快手；企业在既有品牌又有良好的内容能力的条件下，首选抖音；在企业电商基因足够强大、数字化基础足够好时，首选淘宝直播。

项目小结

网络直播经历了秀场模式、互动模式和带货模式三个阶段，而带货模式就是我们所指的直播电商，直播电商是电子商务的衍生模式，是在电子商务环境下使用直播媒介，以促进商品和服务的购买与销售的一种商务模式。区别于传统电商，直播电商“以人为本”，具有实时性、真实性、直观性、互动性和精准性等特性。

直播电商的发展，给企业带来了另一条经营品牌的路径。借助直播的极致效率，企业可以通过经营直播主播的人设，达成粉丝积累和商品销售转化，进而实现品牌的建设。直播电商通过缩短供应链，减少中间环节和渠道成本，通过主播直接触达消费者与之沟通，有效提升企业的渠道效率。

对于刚入直播行业的企业来说，认清公域流量和私域流量，选择合适的直播平台，是开展直播电商的第一步。我们通过对比分析各个平台的异同得出：企业在既有品牌又有私域流量的情况下，选择快手直播电商平台价值最大；企业在既有品牌又有良好的内容能力的条件下，选择抖音直播电商平台价值最大；在企业电商基因足够强大、数字化基础足够好时，选择淘宝直播电商平台更合适。

项目检测

一、思考题

1. 网络直播的发展历程是什么？
2. 如何理解直播电商的本质？

3．直播电商的特征是什么？

4．直播电商的商业价值是什么？

5．简述直播电商的产业链构成。

6．如何区分三个不同的直播派系？

二、案例分析题

以优质内容为核心，领跑自播赛道，打造稳定日销

从2020年下半年起，某女装品牌入驻抖音电商，正式设立专门团队运营抖音小店。针对抖音用户所呈现的互动高、决策快的特点，该品牌女装以每天长时间自播为切入点，沉淀精准粉丝，配合流量投放，精确寻找目标人群，同时着力提升直播内容。在数据层面，关注流量、转化、沉淀数据的变化，根据数据表现，不断优化直播间策略，最终获得品牌总销售额的快速成长：短短几个月内，日均GMV从10万提升至约300万。

在开店初期，由于粉丝积累少，该品牌女装的转化能力欠佳，难以获得足够的自然流量。凭借每天超过18个小时的持续自播投入，品牌逐步沉淀高购买意向的用户人群；通过分析这一批初期客群画像，该品牌女装得以准确定位付费流量的投放人群，不仅补充了流量来源，还提高了转化率，将雪球滚动了起来，免费流量的推荐开始增加，免费流量的准确性也逐步优化，成为店铺成长的基础。

内容是良好运营的核心，该女装品牌持续打磨、优化内容。升级布置直播间装修和商品橱窗；通过不同体型的主播搭配讲解同一套衣服，全面展示商品的卖点。优质的直播间运营带动了商品的高转化。

该品牌女装围绕用户生命周期，前后台密切协作：短期内，以口播形式为账号增粉，撬动短效杠杆；在长期，不断完善客服响应速度和备货情况，以迅速的物流和优质的售后服务保证了客户的满意度，极大提高了客户复购率。

在内容产出方面，无论是短视频还是直播，该品牌都始终紧跟用户需求，在抖音内容趋势与品牌调性中寻找结合点，从而高效产出优质的“抖音范儿”内容，为品牌准确触达目标人群。

该品牌将主播团队打造成“PB女团”，通过每位主播鲜明的人设特点，传递品牌理念，带动店铺人气的成长；在直播中，以主播个性化的风格、体型、穿搭场景匹配合适的货品，借助专业的主播表现力和直播间成熟的运营配合，为用户呈现丰富的货品选择；在短视频创意方面，将品牌诉求与流行内容相结合，灵活运用穿搭、变装、人像摄影、探店等诸多流行主题拍摄短视频，为账号持续积累粉丝。（资料来源：知乎——电商直播带货）

【案例分析】2020年以来，越来越多的平台、线上/线下商家、明星、企业家、素人纷纷加入直播电商战局，助推了直播电商近几年积累的行业势能提前爆发，产业链上下游各方加速进场。除了用户增长，直播渠道、带货品类和商家、主播类型的多元化打破了直播电商固有的边界，由此带来了一系列的连锁反应，让直播电商的外延和内涵得以扩充，直播电商专业化运营需求也更加凸显。

项目实训

为了更好地理解直播电商的概念并掌握相关的基础知识，下面我们将通过一系列实训来进行练习。

【实训目标】

1．理解直播电商的特性；

2．掌握各个直播电商平台的差异；

3．掌握直播电商平台的选择方法。

【实训内容】

分别在快手、抖音、淘宝观看一场电商直播，完成以下内容。

1．结合直播电商的特征对你所观看的直播进行点评；

2．结合你所观看的直播，对比各个平台的差异；

3．谈谈你觉得企业应如何选择直播平台。

【实训要求】

1．从实时性、真实性、直观性、互动性和精准性这五个方面进行点评；

2．通过表格对比各个平台的差异。

项目二　直播电商相关岗位概述

【学习目标】

【知识目标】

1. 熟悉直播电商人才特征；
2. 熟悉直播电商与短视频岗位的职责与技能；
3. 了解直播电商人员的胜任力模型；
4. 了解直播电商人才的测评考核内容。

【技能目标】

1. 能对直播营销团队人员进行高效配置；
2. 能根据自身优势和用户需求选择合适岗位。

【素质目标】

1. 具备直播行业的基本职业道德，遵守行业法律法规；
2. 遵守法律法规、公序良俗、商业道德，坚持正确导向，营造良好网络生态；
3. 养成用户思维、流量思维、产品思维、大数据思维等运营思维。

【导入案例】

直播培训学什么

随着直播越来越火爆，投身于直播行业的人也越来越多，但是成功的人却不多。与此同时，直播培训班也随之出现，有些人就去报培训班，他们在直播培训班能学到什么呢？

通过培训班的学习，学员能学会卖货的技巧，懂得运营直播，具备多项直播所需的能力，在直播时能成功种草给观众等。但真正开始直播，还会面临如下问题。

（1）不知道讲什么

在做直播时，可以讲述自己使用产品的亲身经历，让粉丝看到使用产品前后的对比效果，这样得到粉丝的信任就会比较容易，粉丝下单的机会也大。

（2）没有观众来看

在直播前，提前发布直播预告，别人就知道你的直播活动，在直播时就会有外部流量。做出优秀的直播内容，争取获得直播浮现权，展示的机会更多。

（3）不会活跃气氛

直播时讲一些搞笑的段子，或者很火的梗，让粉丝能开怀大笑；也可以设置一些抽奖活动，给直播间的粉丝一些福利，提高粉丝的积极性，方便互动。

以下是适合学习直播的几类人群：

（1）利用直播提高销售量的人群；

（2）想拓展线上销售渠道的店主；

（3）想接触直播行业的小白人群；

（4）想从事直播行业的就业人群。

（资料来源：知乎——电商直播带货，https://zhuanlan.zhihu.com/p/456831460）

思考题：

1．一场完整的电商直播需要有哪些岗位的人员来完成？

2．进入直播电商行业的人员需要具备哪些技能？

随着直播电商的火爆，直播人才出现巨大缺口，催生了直播培训班的火热。本项目主要介绍直播电商人才具备的特征，直播电商岗位的职责与技能以及直播电商人才的胜任力。

任务一　直播电商人才特征与岗位设置

在新媒体时代，信息传播呈现去中心化的特征，尤其是随着 5G 时代的来临，网络直播以独有的即时性、交互性等优势逐步取代传统以文字、图片为主的信息传播方式，网络直播已成为当下最为流行的娱乐和信息交互方式。

大批传统电商企业，乃至于传统企业纷纷转战直播，但直播电商人才短缺是绝大多数企业跨入直播电商门槛的“拦路虎”；而且直播电商进入门槛低、从业者素质不高、行业标准缺乏，使得整个直播电商行业的发展呈现出诸多乱象。建立科学、规范和实用的直播电商人才标准，是解决直播电商人才短缺和保证直播电商良性、健康与长期发展的必要条件。

一、直播电商人才特征

直播电商的人才特征主要体现在以下几个方面。

（一）直播电商产业人才集群化

产业集群化是直播电商未来的发展趋势之一。直播电商作为横跨内容和电商的创新模式，未来会走向专业分工的流水线作业方式，主播出镜、内容策划、供应链资源、产品开发和仓储配送体系都将细化分工。直播电商基地模式是产业化的发展方向之一，基地内配套直播间和直播内容服务中心，供应链企业围绕该中心入驻，类似卫星城的方式，形成集中赋能的模式。该模式主要通过政府引导及行业大企业投资的方式得以实现。直播电商产业集群化的完善离不开人才一体化的解决方式。

（二）直播电商人才专业化

根据行业的不同属性，垂直于不同行业的专业性直播将越来越被青睐。直播电商首先是直播间主播人设的建立，用户之所以会关注直播，并在电商直播过程中进行成交。第一，源于用户对直播电商人设的信任。第二，直播电商人设体现的专业性让用户产生信赖，对于直播电商来说，人与货之间存在隐形的信任背书和信任传递。当下大多直播电商的发展是依靠平台的流量推荐的，但未来会往更细分、更垂直、更专业的行业化方向发展。具备行业专业知识的直播电商人才是未来人才培养的重点。

（三）直播电商人才综合化

当前 VR、AI、机器人等技术快速发展，这些都能够与直播相结合，可进一步提高直播电商的用户体验感。未来，机器人可能会取代线下导购员，而直播则可能会结合 AI、VR 技术，实现远程衣服试穿、口红试色、角色交互等。目前 VR 技术在行业内的应用，极大地提高了消费者的视觉体验感。5G 时代的来临，给直播带来了更多的发展空间，传输速度更快，可以让直播画质更好，可以增强画面传输的能力，可以进一步推动人工智能等技术走向成熟，同时提高用户体验感。具备一定的信息技术综合知识的直播电商人才也会是未来人才培养的重点。

（四）直播电商人才多元化

现有直播电商大多是较为单一的卖货模式，其中直播是一种卖货方式，而主播是卖货资源。但随着时间的推移，多元化的主播或内容的跨圈层融合形式会逐渐增多，直播电商未来会形成从单一的卖货到跨圈层多元化融合的走向，这对直播电商人才的知识结构和职业技能提出了更高的要求。

二、直播电商岗位设置

与传统电商类似，直播电商的进入门槛并不高，因而促使各领域企业纷纷通过“直播+”尝试转型。随着行业的发展，直播行业需要建立体系化的运营体系，协调和融合各类职能。网红主播已成为直播行业的一大标签，一场成功的直播需要场控管理能力、招商能力、互动能力、带货能力、官方活动运营能力等多方面能力的协作。

直播电商作为新的电商形态，具有实时性、交互性、内容化、社交化、碎片化等特征，直播本身也在自我迭代的升级进化中，面向专业公司，专人专岗，直播电商团队成员间有清晰的分工合作流程，直播电商的一般岗位设置如表 2-1 所示。

表 2-1　直播电商的一般岗位设置

职业方向	标准岗位	细化岗位
产品岗	直播电商规划师	商务、选品、编剧、导演、制片等
营销岗	直播电商营销师	经纪人、主播、辅播、媒介对接、渠道
运营岗	直播电商运营师	项目运营、场控、文案、活动、社群运营
设计岗	电商设计师（短视频设计师）	视觉策划、拍摄、视频剪辑等
客服岗	电商客服管理师	售前客服、售中客服、售后客服
物流岗	电商物流管理师	库管、采购、分拣打包、打单发货等
技术岗	现场控制	道具、算法、编程、数据、AI、信息安全等

任务二　直播电商岗位职责与技能

职业能力是从业者从事某项职业必备的能力，它要求从业人员熟练掌握一项或几项相关联的技术，“厚基础、重技能”是电子商务专业人才基本职业能力的培养目标。表 2-1 中列出了直播电商的一般岗位设置，下面本节将介绍主播岗位、辅播岗位、运营岗位、经纪人岗位、商务岗位和客服岗位的职责、技能和素质要求。

一、主播岗位

主播岗位是直播电商的核心岗位，决定着直播的成败，主播岗位的岗位职责、技能要求、素质要求具体如下。

（一）岗位职责

负责完成整场直播主持，是直播间的主要角色；熟练掌握直播相关话术，能在直播不同环节中进行话术的调整；具备销售心理学基础知识，能及时预判销售机会，能及时完成转粉和销售转化；熟悉直播整个流程策划，能与辅播及运营团队进行良好配合，了解直播不同环节的侧重点，能控制直播间节奏；参与运营团队选品策划，了解用户喜好，善于从用户角度观察直播电商选品逻辑，熟悉选品匹配度；能保持稳定的开播时间，能保证一定的开播量，一般每月至少直播 20 天，每天直播 4 小时以上。

（二）技能要求

（1）基础能力：口头表达流利，熟练掌握产品相关知识，能熟练进行产品介绍，对产品卖点敏感，有熟练的销售技巧；

（2）状态要求：敢于在镜头面前进行表达和表演，并能接受长期稳定的直播时长；

（3）心态要求：敢于面对直播过程中用户的争议或坦然面对用户的尖锐 提问，具备一定的控场和应变能力；

（4）其他要求：有颜值或有其他表演才艺等加分项（歌曲、舞蹈或其他专业才艺），具备良好的个人素养，能在直播过程中保持饱满的精神状态，具备一定的心理承受能力，能控制负面情绪。

（三）素质要求

具备较高的思想素质和良好的道德素养、人文素养、科学素养及职业素养；具备较高的网络文明素养、电子商务诚信与信用素养、信息安全与保密素养；具备良好的人际沟通素质和团队合作精神；具备基本的创新精神及创业意识。

案例 2-1

斗鱼网络电商直播运营招聘（主播/机构方向）

职位诱惑：

1. 美国纳斯达克上市公司；
2. 电商直播行业领军企业；
3. 商业化体系完善，发展空间大；
4. 业界有竞争力的薪酬，弹性工作，全天免费水果、下午茶供应。

职位描述：

1. 负责平台电商主播的引入、培训、日常业务运营，对主播提供的直播数量和服务质量负责；
2. 深入了解公会和主播的变现需求，优化主播供给能力，提高业务供给效率；
3. 与商业化团队、机构及直播运营团队紧密配合，形成良性的供给合作联动。

职位要求：

1. 三年以上主播运营经验，了解直播内容广告行业，熟悉主播的变现形式和偏好；
2. 具备独立思考能力，有较好的逻辑思维能力、执行能力以及资源调配推动能力；
3. 优秀的沟通能力和较强的责任心，能高效协助各方共同完成目标。

【课堂小贴士】

2020 年 5 月，人社部发布的新职业中包括“互联网营销师”，同时还增设了“直播销售员”工种。直播销售员的定义是在数字化信息平台上，运用网络的交互性与传播公信力，对企业商品进行多平台营销推广的人员，简单地说就是带货主播。

二、辅播岗位

辅播岗位是直播电商中的重要岗位，主要负责辅助主播推进直播进度，辅播岗位的岗位职责、技能要求、素质要求具体如下。

（一）岗位职责

（1）直播间辅助角色，能协助主播推进直播进度；

（2）深度参与直播流程策划，在整个直播过程中能配合主播进行不同环节的转换和调整；

（3）熟悉直播平台管理规则，能配合主播避免出现违规操作及用语；

（4）熟悉选品原则，对产品有深度了解，能帮助主播补充产品的相关使用知识；

（5）掌握相关的销售心理学及话术，懂得在直播过程中洞察用户的心理变化，通过话术实现活跃的互动氛围；

（6）良好的个人素养，能坚持做幕后策划人，成就主播的人设建立；

（7）能保持稳定的开播时间，能保证一定的开播量，一般每月直播 20 天以上，每天直播 4 小时以上。

（二）技能要求

（1）基础能力：较好的口头表达能力，具有较强的协调和配合能力；

（2）状态要求：有临场应变能力，能对直播过程中的突发事件进行应急处理；

（3）心态要求：甘于给主播当助手，不喧宾夺主；

（4）其他要求：对行业有专业理解。

（三）素质要求

（1）具备良好的道德素养、人文素养及心理素质；

（2）具备较高的网络素养、信用素养；

（3）具备良好的人际沟通和团队协作素质；

（4）具备基本的创新精神及创业意识。

三、运营岗位

运营岗位是直播电商中的综合岗位，主要负责直播电商的整体规划和统筹，运营岗位的岗位职责、技能要求、素质要求具体如下。

（一）岗位职责

（1）负责直播电商的整体统筹和执行，能匹配主播人设定位；

（2）熟悉并掌握各个不同直播平台的特点及优劣势，能根据直播内容及产品选择合适的平台；

（3）熟悉并掌握直播电商的策划操作，能策划直播操作流程及规范；

（4）熟悉供应链的相关专业知识，能确定选品操作规范；

（5）具备数据分析能力，能分析平台数据，及时调整直播的策划方案以及优化选品。

（二）技能要求

（1）基础能力：良好的观察能力，注重细节，执行能力强；

（2）状态要求：有内部资源沟通和协调能力，能判断对直播最有价值的资源；

（3）技能要求：熟悉平台规则，具备内容策划能力，能根据产品策划直播活动；

（4）其他要求：熟悉产品供应链，能根据选品及时调整定价及内容策划。

（三）素质要求

（1）具有多个电商岗位实践经验，具备较强的管理能力；

（2）良好的职业素养和抗压能力，适应直播电商高密度的工作节奏；

（3）良好的个人素养，善于总结问题并自我调整；

（4）良好的自我学习能力，具有创新素质。

四、经纪人岗位

经纪人岗位是直播电商中特有的岗位，主要负责直播电商人才的挖掘和培养，经纪人岗位的岗位职责、技能要求、素质要求具体如下。

（一）岗位职责

（1）负责直播和辅播两类人才的挖掘、孵化和培养；

（2）负责直播人才的培训，能梳理企业人才培训体系；

（3）了解娱乐经纪行业及直播行业的发展趋势；

（4）具备良好的职业素养，在保持直播人才独立性的前提下提高其直播的相关表演技艺；

（5）具备良好的个人素养，对直播有正面的理解和思考。

（二）技能要求

（1）基础能力：熟悉直播电商人才要求，善于挖掘具备主播潜质的人才；

（2）状态要求：善于发掘他人的状态亮点和专业技能；

（3）技能要求：熟悉娱乐行业艺人培养流程，会调整主播及辅播在镜头前的表演状态。

（三）素质要求

（1）具有良好的心理素质，具备危机处理和应变能力；

（2）善于与人交流，社会经验丰富；

（3）具有娱乐营销意识和市场战略眼光；具有高度的法律意识。

五、商务岗位

商务是直播电商中的必要岗位，主要负责直播电商中渠道和客户等资源的开发与维护，商务岗位的岗位职责、技能要求、素质要求具体如下：

（一）岗位职责

（1）能开发和维护直播电商渠道资源，建立与客户的良好合作关系；

（2）能按时完成公司阶段性任务及 KPI 指标；

（3）与其他岗位做好沟通，确保产品及时投放与问题反馈；

（4）能规划和组织相应的活动策划、活动实施及项目落地；

（5）对相关数据进行统计、汇总。

（二）技能要求

（1）基础能力：具有广告学、营销类专业学历或相关实践经验，熟悉直播电商的选品要求；

（2）状态要求：具有敏锐的市场洞察力，具备良好的客户开拓能力，有较强的沟通和谈判能力以及口、笔表达能力；

（3）技能要求：具备资源整合能力，善于总结直播电商的发展阶段和选品资源的匹配。

（三）素质要求

（1）沟通能力强，责任心强，抗压能力强，有极强的目标感；

（2）适应直播电商行业的快速发展，精力充沛，具备在较强压力下出色完成任务的能力；

（3）敢于面对挑战，有良好的客户群体关系；

（4）善于与人交流，社会经验丰富；

（5）具有高度的法律和风险意识。

六、客服岗位

客服是直播电商中的服务岗位，客服主要负责直播电商客户的售前、售中和售后服务，客服岗位的岗位职责、技能要求、素质要求具体如下。

（一）岗位职责

（1）负责收集客户信息，了解并分析客户需求，规划客户服务方案；

（2）熟悉产品信息，能掌握沟通技巧，正确解释并描述直播产品属性；

（3）负责进行有效的客户管理和沟通，了解客户期望值，跟进回访客户，提高服务升级，负责发展维护良好的客户关系；

（4）负责电子商务产品相关数据的收集和维护。

（二）技能要求

（1）基础能力：接待客户热情大方，能积极主动帮助客户解决能力范围内的任何销售问题；

（2）状态要求：工作主动热情，仔细耐心，能持续保持高效的工作状态；

（3）技能要求：打字速度快，能同时应对多人在线咨询，并能及时、正确地做好备注工作。

（三）素质要求

（1）具有高度的工作责任心；

（2）思维灵活，沟通能力强，有良好的应变能力；

（3）熟悉各大直播平台的买卖操作流程；

（4）能熟练解答客户提问，推介产品，熟悉促进销售、订单生成等相关流程。

任务三　短视频岗位职责与技能

直播电商可以跨多个平台，如抖音、快手等，跨平台的发展派生出多种岗位需求。直播电商是通过在线直播建立人设 IP 的过程，跨平台的价值在于扩大直播的用户覆盖面。直播是即时内容，一切内容都是即时同步发生的，因此，在人设 IP 的建立上要融合电商，通过成交加深用户对直播内容的印象。

跨平台的另一个要求在于从直播内容跨到短视频内容。短视频是异步内容，内容是提前策划并录制好的，配合直播可以更快速地实现人设 IP 的建立。直播具有即时互动性强、沟通性强的特点，短视频则具有内容精细化、碎片化的特点，短视频内容的制作门槛相比直播更高，内容的策划和制作成本投入更大，相关岗位会在技能上有更多要求，短视频岗位具体分为短视频策划岗位、短视频制作岗位和短视频运营岗位三种岗位。

一、短视频策划岗位

短视频策划岗位主要负责脚本的创作和撰写，短视频策划岗位的岗位职责、技能要求、素质要求具体如下。

（一）岗位职责

（1）策划主播或辅播的人设 IP 定位，确定粉丝画像；
（2）围绕人设 IP 进行内容创作，负责短视频项目的开发及策划；
（3）负责项目创意脚本撰写，设计戏剧性桥段并创作分镜脚本。

（二）技能要求

（1）基础能力：熟悉短视频内容市场，了解年轻用户的内容喜好；
（2）状态要求：阅读涉猎广泛，文字功底扎实；
（3）技能要求：熟悉不同内容的策划流程及创意思路，有相关写作经验，有优秀的创意和文字能力，叙事逻辑清晰。

（三）素质要求

（1）内容敏感度高，执行效率高；
（2）网络感觉好，思维活跃；
（3）有良好的沟通能力和抗压能力；
（4）熟悉当下热点和网络文化。

二、短视频制作岗位

短视频制作岗位主要负责短视频的拍摄和剪辑，短视频制作岗位的岗位职责、技能要求、素质要求具体如下。

（一）岗位职责

（1）负责短视频内容的拍摄和剪辑，调度与现场控制；
（2）结合产品特性，进行短视频的内容脚本策划、拍摄脚本和细化脚本；
（3）管理、维护拍摄和后期制作设备。

（二）技能要求

（1）基础能力：熟悉短视频的拍摄手法和剪辑操作，熟悉短视频的音乐运用；
（2）状态要求：研究和分析视频类媒体趋势，能进行时尚高端产品风格视频创作；

（3）技能要求：具有优秀的美术功底与视觉感，对构图、色彩及镜头语言有清晰的认识。

（三）素质要求

（1）能吃苦耐劳，有责任心；
（2）具备良好的逻辑思维、协调和沟通能力；
（3）思维活跃，想象力丰富，有一定的创新能力、动手能力和创新思维。

案例 2-2

短视频拍摄招聘

【我们要找的你】

1. 负责每日安排的拍摄任务，我们主要做短视频拍摄（抖音）；
2. 维护保养好器材；
3. 与短视频策划人员充分沟通，根据实际情况制订拍摄计划。

【我们需要的你】

1. 大专以上学历，导演、编导、传媒等相关专业，有短视频创作经验（附上个人作品）；熟悉自媒体（抖音、快手等）短视频，会拍视频，会玩短视频，会剪辑，能出镜；
2. 精通 Premium、EDIUS、Final Cut 等后期剪辑类软件，具备独立的剪辑意识及判断能力，有独特成熟的剪辑手法，对于剪辑中的色彩、音乐、节奏、转场、风格等有独到见解；熟悉 AE、NUKE 等后期合成类软件，能与策划人员通力配合，高效地完成视频制作；
3. 具有审美能力，发现事物美的角度，手机都能拍出大片；
4. 掌握镜头美感，通过镜头画面思考美、展示美、解读美；
5. 爱生活，爱拍摄，喜欢拍摄生活场景；
6. 有想法及创意，思维灵活，负责现场的调度与控制；
7. 工作效率高，具有高度的责任心、上进心，有团队合作精神，抗压能力强。

【加分项】

1. 会拍 Vlog、剧情短片等；
2. 有美食拍摄工作经验。

三、短视频运营岗位

短视频运营岗位主要负责短视频内容的分发、维护和分析。短视频运营岗位的岗位职责、技能要求、素质要求具体如下。

伴随着直播电商的快速发展，有供应链优势的区域结合直播电商，逐步形成各种直播电商产业基地或集群，专业化将是人才培养的中心模式。直播电商跨平台模式将创造更多创业机会和就业机会，跨平台复合型技能人才也将成为众多企业的需求。

（一）岗位职责

（1）负责在平台分发内容及监督数据；
（2）归纳内容的运营亮点，配合策划完成内容的升级；
（3）在短视频等多个平台上传短视频，并负责日常维护工作；
（4）负责短视频自媒体运营相关事宜，对各平台短视频运营数据进行监控。

（二）技能要求

（1）基础能力：熟悉短视频平台的内容推荐规则和流量推广规则，具备平台的数据分析能力；

（2）状态要求：思维活跃，善于总结沉淀，具备高效的执行力，具备较强的统筹、沟通协调能力，乐于分享；

（3）技能要求：了解行业的运营基本规则并能在规则基础上进行运营的优化。

（三）素质要求

（1）思维活跃，有想法，对短视频自媒体行业有一定的了解；
（2）能发现新的短视频渠道，可提出运营改进方案；
（3）有洞察力，具备优秀的创意改变能力。

任务四　直播电商人员胜任力及培养

尽管直播电商领域的工作岗位类似，但不同直播电商人员最终的绩效差异却非常显著，直播电商人员素质的高低和能力的强弱，对直播电商的发展起到举足轻重的作用。直播电商人员除了应该具备工作要求的专业技能，还应该具备相关的经营管理知识，因此，胜任力的应用是一种行之有效的解决工具。

一、胜任力与胜任力模型

（一）胜任力

“胜任力”（Competence）这个概念最早是由美国哈佛大学教授戴维·麦克利兰于 1973

年正式提出的，他认为，胜任力是知识、技能、动机、特质和价值观等任何可以被可靠测量或计数的，并且能显著区分优秀与一般绩效的个体特征。

目前比较一致的观点认为，胜任力是指在工作情景中员工的价值观、动机、个性或态度、技能或能力和知识等关键特征的集合体。同时，胜任力虽然与技能、知识、个性等方面紧密联系，但是从胜任力概念的操作化层面来看，胜任力并非这几个方面的简单相加。

如图 2-1 所示，胜任力可以分为企业、岗位和个人三个维度。胜任力必须满足两个重要特征才能被认可：一是胜任力与工作绩效有密切的关系，员工的工作绩效可以用胜任力来评估，胜任力能够用来区分绩效优异者与绩效普通者，并非所有的个性特质、技能、知识都能够成为胜任力；二是胜任力与具体的业务场景相联系。

图 2-1　胜任力的三个维度

（二）胜任力模型

胜任力模型（Competence Model）是指担任某一特定社会角色所需要具备的胜任特征总和，是针对特定职位表现要求组合起来的一组胜任特征。胜任力模型为某一特定组织、水平、工作或角色提供了一个成功模型，反映了某一既定工作岗位中个体成功的所有重要的行为、技能和知识。胜任力模型是一组被确认的胜任特征，能够区分绩效优异者和绩效普通者，通常所说的能力标准或能力指标，就是指各项胜任特征，而这些胜任特征的组合形成胜任力模型。胜任特征冰山模型是描述胜任特征内部结构理论广为接受的一种模型，胜任特征冰山模型如图 2-2 所示。

胜任特征冰山模型就像根基绝大部分存在于水下的冰山，在水面上显露出来的冰代表显性胜任特征，如知识、技能等方面；在水面之下的冰被代表隐性胜任特征，包括能力、天赋、价值观、性格特质和动机等深层次特征。二者相比，冰山的下面不易被外界左右，相对难以改变。因此，能够决定员工行为表现的是隐性胜任特征。

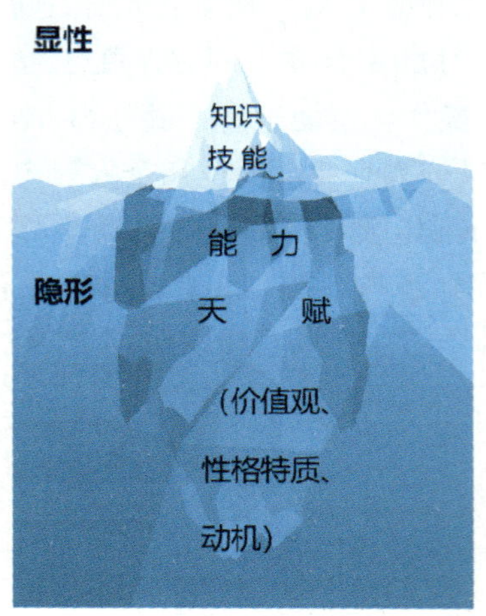

图 2-2　胜任特征冰山模型

二、直播电商人员胜任力模型

从职业特点来看，直播电商强调与消费端的密切联系，需要具备突出的人际理解能力和良好的沟通表达能力。从直播电商人员个人特质来看，必须具有良好的心理素质和坚韧的个性品质，尤其是一名好主播要有多种能力，如对产品卖点敏感，销售技巧熟练，有较强的互动能力，善于用数据分析总结，有营销和活动策划能力等。

综上所述，我们把直播电商人员胜任力素质分为七种要素，分别是学习能力、社交能力、团队精神、成功欲望、创新能力、个人影响力和人际理解力，每个要素下有具体的素质内容，并且每个要素的层次等级是与直播电商不同岗位相关的，从而形成直播电商岗位胜任力素质模型雷达图，如图 2-3 所示。

（一）学习能力

学习能力是指个体从事学习活动所需要具备的心理特征，是顺利完成学习活动的各种能力的组合，包括感知观察能力、记忆能力、阅读能力、解决问题的能力等。

学习能力是直播电商的基本能力要求，直播电商发展迅猛，各种知识、技能层出不穷，快速迭代，高效的学习能力是直播电商能够实现高绩效运营的基础和关键因素。学习能力包括获取知识或技能的能力，其中还包括经验的获取和积累。学习能力还包含一些重要的个人特质，如自主学习能力、终身学习能力、碎片化学习能力等。

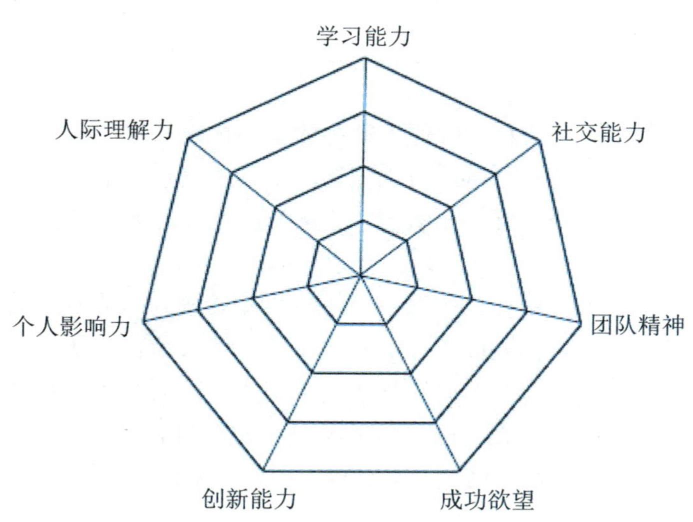

图 2-3 直播电商岗位胜任力素质模型雷达图

学习能力包括以下三个方面。

（1）思维能力。从思维过程上说，包括分析与综合能力、比较能力、抽象与概括能力；从思维方式上说，包括判断与推理能力、发散思维与辐合思维的能力等。

（2）感知能力。表现为对学习内容、方法及学习情境的选择、理解和整体认知，对信息的观察和反映，包括对消费者的感知。

（3）适应能力。包括学习适应与调节能力、自我反馈与评定能力、学习方法的选择与创造能力、学习心得经验的总结能力等。

（二）社交能力

社交能力也称社会交际能力，能够有效建立一种合作伙伴关系，能促成工作达成的社会关系网络，并利用自己的沟通和协调能力，协调处理各方面的冲突、利益与关系，达成相互理解、尊重和信任，并能形成长期社会关系。

社交能力对于直播电商人员来说是必不可少的重要能力。直播电商发展迅速，许多规则和管理不够健全，在这种情况下，就需要创造性地开展工作，利用个人影响力、组织意识、沟通协调能力等与各方面建立合作共赢，并取得对方的信任与配合，以更好地完成工作任务。

社交能力包括以下三个方面。

（1）社交意识。与用户沟通，利用资源建立促进工作任务完成的关系网络，并付之为行动的主动意愿。

（2）沟通能力。与他人有效进行信息沟通的能力，包括外在技巧和内在动因。

（3）公关能力。在社交场合的介入能力、适应能力、控制能力等，能够理解社交礼仪与规则，并作出行为反应。

（三）团队精神

团队精神是大局意识、协作精神和服务精神的集中体现，核心是高度协同合作，全体成员具有强大的向心力和凝聚力。团队成员强烈地感受到自己是其所在团队的一个有机组成部分，团队成员由衷地把自己的发展与团队的前途紧密联系在一起，愿意为其所在团队的利益与目标而倾尽全力。

团队精神是直播电商人员胜任力体系的一大特色，并成为其他能力的前提和基础，能否在工作中具备合作精神，是直播电商人员必备的素质。对其所在团队具有高度热情和无限忠诚，不允许任何对团队的发展和利益有所损害的事情发生，同时极具整体荣誉感，会为团队的成功而骄傲兴奋，为团队所面临的困境而忧虑。当团队利益和个人利益发生冲突时，团队成员一般需要优先考虑团队利益，这一点对直播电商人员来说尤为重要。

团队精神包括以下四个方面。

（1）大局意识。注重团队利益，当团队面临困境时，先从团队的整体利益着想，以团队的利益为重。

（2）服务意识。组织全体成员在与客户交往中，具备热情、周到、主动服务的欲望和意识。

（3）团队协作。为达到组织既定目标，具备自愿合作和协同努力的素质。

（4）创建信任感。能够与组织成员，以及与组织存在利益联系的组织或个体产生信任感，愿意相互合作。

（四）成功欲望

成功欲望是指个人具有成功完成任务或在工作中追求卓越表现的强烈愿望，这是取得优异绩效的核心驱动力。

成功欲望是个人通向更高目标的保证，强烈的成功欲望是个人获取优异绩效的动力和源泉，是乐于接受创造性的、有挑战性的工作精神。例如，电商直播主播“口红一哥”李某，一年中可以做385场直播，平均每天至少做一场直播。

成功欲望包括以下四个方面。

（1）上进心。即进取心，个人朝更高目标努力奋进的意愿和行动力，能够促进个人追求更高成就。

（2）敏锐度。能够敏锐地发现周边存在的风险或机会，并准确识别风险或把握机会，促成成交或建立关系。

（3）责任心。对责任的感知和感受，是个体从授权人那里接受责任之后，内化于个体内心的一种心理状态，是个体履行责任行为的精神内驱力，是个体认真完成任务的态度。

（4）成就感。个人完成任务后，为自己所做的事情感到愉快或喜悦，尤其是完成了有极度挑战性的任务，成就感会激发个体向更高目标迈进。

（五）创新能力

创新能力是一种打破常规的实践活动，开拓认知的新领域、新方法或新途径，创新能力需要具备推理、想象、联想或直觉等思维能力。

创新能力是直播电商人员应具备的一项特殊胜任力，是由直播电商人员的工作性质决定的。由于直播电商人员直接实时面对特征各异的消费者，各种信息量巨大，变化非常迅速，这尤其需要创新思维和反应能力。一项创新成果往往要经过长期探索、甚至多次失败才能取得，而创新能力也要经过长期的知识积累、素质磨砺才能具备。

创新能力包括以下三个方面。

（1）反应迅速。面对新出现的状况和问题，能够迅速作出反应，并及时调整运营思路，拟定应对措施。

（2）接受新事物。关注最新的产业和技术动向，能够及时把握新事物，并合适地将新事物运用到经营管理中。

（3）突破传统。能够突破传统思维模式和行为方式，寻找解决问题和应对环境变化的新思路和新办法。

（六）个人影响力

个人影响力是指个人对他人的影响力，能够使他人信服、认同并拥护的个人特质或行为模式。直播电商的成功主要来自主播的个人影响力。

个人影响力是影响他人的，能够让他人信服、认同其言行的能力。个人影响力对组织而言，可以帮助组织成员取得认识上和行动上的一致性，更好地贯彻和执行既定方案，并能够取得组织成员的认同和拥护。

个人影响力包括以下四个方面。

（1）策略性。能够使用有效策略去影响他人接受、认同并拥护某种观点，支持最终行动方案和目标。

（2）说服力。能够通过语言或非语言的方式，使得他人同意并认同自己的看法和价值观，达成共识。

（3）个人威望。在团队中获得的尊敬和肯定，是通过个人的人格影响和行为方式获得的支持和信任。

（4）高效率。能够迅速并有效完成既定任务，并为他人作出表率作用。

（七）人际理解力

人际理解力是指理解他人思想的能力，尤其对他人未表达出或部分表达出的想法、感觉和关注点的准确理解和把握，人际理解力暗示着一种去理解他人的愿望，能够帮助个人体会他人的感受。

人际理解力是直播电商运营管理中重要的工作技巧，也是直播电商人员必须具备的关键素质之一。人际理解力是通过他人的语言、语态、动作等理解并分享他人的观点，抓住他人未表达的疑惑与情感，把握他人需求的能力。就其功能而言，人际理解力是成就高水平的影响力与服务精神的不可或缺的基础，也是组织关系有效建立的支撑。

人际理解力包括以下三个方面。

（1）理解力。理解他人意愿、想法和内心感受的能力，具有理解力的人通常表现出较强的亲和力。

（2）观察力。这是一种有目的、有计划、比较持久的直觉，是对客观事物感性认识的一种主动表现。

（3）情绪稳定。不易受到外界刺激而引发情绪波动，或情绪波动较缓慢。

三、直播电商人才培养与考核

基于胜任力模型的工作分析进一步提出了人与组织之间的匹配。员工既要满足直播电商工作岗位的需要，也要使个体内在特质与组织的基本特性相一致，因为直播机构之间，或者直播机构与非直播机构之间是有差异的。

按照直播电商胜任力模型的主要框架，构成高绩效直播电商的胜任特征主要取决于学习能力、社交能力、团队精神、成功欲望、创新能力、个人影响力和人际理解力七个方面，根据此模型，可建立直播电商人才培养体系。

（一）直播电商人才培养规划

如何根据直播电商职业发展的需要，进行科学合理的岗位培训是直播电商发展的关键。职业发展规划是为了实现职业生涯的各个阶段目标而进行的知识、能力和技能等方面的培训和教育活动，也是直播个人人设 IP 取得成功的关键因素。第一，根据行业和企业发展的目标和要求，提出员工直播电商职业生涯发展规划；第二，根据直播电商胜任力模型列出岗位需要的胜任力发展要求，并提出具体培养内容；第三，由培训机构对提出的培训规划和内容进行审核，论证培训的可行性；第四，具体实施培训，同时随时收集培训的反馈，增强培训效果。

（二）直播电商人才培养内容

在直播电商中，不同行业、不同个体特征所需要具备的胜任力模型是不同的，因此，有关胜任力内容的培训也应该有不同的侧重点。

1. 从行业的角度

不同行业的直播电商有其自身的特点，如服装直播以女性直播主播偏多，农产品直播强调原生态和体验感，而电子产品直播更强调产品性能。因此，应根据直播电商的不同应用行业，在培训对象、培训课程和培训师资等方面，有针对性地进行培训内容的设计和规划。

2. 从个体特征的角度

不同的从业年限、不同性别以及来自不同平台的直播电商胜任力培训的侧重点也不尽相同。从业年限和经验对直播电商胜任力影响较大，从业年限短的人员胜任力表现普遍低于从业年限长的人员。而从性别上来说，差异不是非常显著，只是在语言表达能力上女性要普遍优于男性。因此，可以适当加强对男性直播电商从业者语言和表达能力的培训。从不同平台特性的角度来说，每个直播平台定位不同，对直播人才胜任力的要求也不同，如抖音更侧重艺能展示，淘宝则偏向于销售技能。

（三）直播电商人才技能考核

直播电商从业人员的技能可以分成初级、中级、高级三档。

初级技能是从事直播电商经营活动的一般性员工所具备的能力，如产品描述、直播工具使用、产品拍摄美化、脚本撰写等。

中级技能是从事直播电商经营活动的骨干级员工具备的能力，如直播营销策划、粉丝管理维护、直播运营等。

高级技能是从事直播电商经营活动的领军级员工所具备的能力，如直播营销渠道的开发、供应链管理、模式创新等。

直播电商人才测评考核一般分为三个模块：电商基础理论知识、电商实践技能操作模块、电商职业道德。表 2-2 所示为直播电商人才测评考核表。

按照胜任力模型的思想，基础性的胜任力特征，如知识、技能是胜任力结构中的上层部分，最容易改变和提高，但是不具备将绩效优异者与绩效普通者相区分的功能。而下层的鉴别性胜任力，即自我概念、人格特质和动机需要等，处于冰山的下面，是影响个人绩效表现的关键性因素，相对难以改变。因此，在制定培训规划时，应该充分考虑和权衡。

表 2-2 直播电商人才测评考核表

级别	电商基础理论知识	电商实践技能操作模块	电商职业道德
初级直播电商师	（1）计算机基础知识和应用； （2）网络应用的基础知识； （3）直播电商基本概念； （4）网络营销基础知识和基本方法； （5）电子商务安全基础知识	（1）网络客服方向：在线洽谈及沟通技巧、订单及交易纠纷处理、电商平台操作等； （2）摄影技巧方向：包括拍摄基础知识、素材规划、处理及美化等； （3）仓储物流方向：包括电子商务与现代物流、快递基础知识、仓储及库存管理、订单管理等； （4）主播方向，包括素质素养、表现力、产品描述、直播工具的使用	基本商业伦理、服务信用、防止商业欺诈等知识

续表

级别	电商基础理论知识	电商实践技能操作模块	电商职业道德
中级直播电商师	（1）直播电商概论； （2）直播电商与网络营销； （3）直播电商的数据仓库技术； （4）直播电商的业务流程重组技术； （5）直播电商与供应链的集成应用； （6）直播电商的法律与法规	（1）运营推广方向：包括搜索引擎优化、电商平台运营推广等； （2）平台建设方向：包括电子商务网站规划、数据库基础等； （3）物流管理方向：包括电商物流信息技术、电商物流服务管理等； （4）主播方向：包括带货力、文化素养、才艺展示等	保密及防止隐私泄露等方面的知识
高级直播电商师	（1）直播电商模式创新与传统企业转型策略； （2）直播电商营销策略与数据分析； （3）直播电商团队建设与管理； （4）直播电商的法律与法规； （5）直播电商工具； （6）直播绩效管理； （7）直播数据驱动及改善	业绩评估报告：要求学员提交企业经营业绩案例，组织专家以案例分析方式进行评估打分	商业伦理、服务信用、防止商业欺诈、数据保密及防止隐私泄露等方面的知识

项目小结

第一，本项目对直播电商产业集群化、专业化、综合化和多元化的发展特征进行了介绍，这些人才特征对直播电商人才提出了新的要求。

第二，本项目在对直播电商人才基本分类的基础上，提出了直播电商和短视频电商两类岗位的技能要求，其中直播电商岗位包括主播、辅播、运营、经纪人、商务和客服，短视频岗位包括策划、制作和运营。

第三，本项目结合胜任力和胜任力模型的基础理论，构建了直播电商人员胜任力模型，主要包括学习能力、社交能力、团队精神、成功欲望、创新能力、个人影响力和人际理解力7种要素。

第四，针对直播电商人才培养，本项目列出了直播电商培训规划和考核内容。

项目检测

一、思考题

1. 直播电商的人才特征有哪些？
2. 如何理解直播电商人员胜任力模型？
3. 直播电商有哪些基本岗位及各岗位的技能要求是什么？
4. 短视频有哪些基本岗位及各岗位的技能要求是什么？
5. 试述直播电商人才培养方法。

二、案例分析题

如何规范培育电商直播人才

互联网直播带货"一高一低、一多一少"

面对互联网平台的直播带货领域，近几年，相关主管部门不断加强规范和治理，陆续出台了《互联网直播营销信息内容服务管理规定》《网络直播营销管理办法（试行）》等，对违法违规带货行为采取了关闭账号、列入黑名单、联合惩戒等处置措施，促进新业态健康有序发展。

"电商直播带货的问题到底出在哪儿？我觉得还是出在行业人才的管理，特别是人才培养上。"作为一名深耕互联网行业的全国政协委员，廊坊市工商联主席、北京网元圣唐娱乐科技有限公司董事长说，网络直播带货的兴起对经济社会发展起到了重要的支撑和带动作用，但他深入调研后注意到，从业者水准参差不齐的现状也在制约着这个行业未来的发展。

互联网直播带货领域呈现出"一高一低、一多一少"的特点，即：进入门槛低、收入高；从业者多、有专业能力的人才少。

正因为如此，假冒伪劣、虚假宣传、偷税漏税、直播营销人员言行失范等问题时有出现，掣肘互联网经济由高速度增长向高质量发展转变。"如果不及时制定相关的管理政策、出台行业人才管理办法，这种乱象很难从根本上得到治理。"在全国两会上，他提交了这样一份提案：完善互联网职业适配人才供给体系。

适配人才供给和市场需求紧密连接

在他看来，一个行业的发展，中观层面主要看市场主体，而微观层面最终取决于从业者的素质。加快完善适配人才供给体系进程，涉及多个部门、多个行业、多类主体，是系统工程、效率工程，更是“靶向”工程。

“比如‘互联网营销师’这个职业，实际包括了选品员、直播销售员、视频创推员、平台管理员等多个工种。”他介绍，互联网领域已经形成了一个相对完整的产业链，非一个职业所能涵盖。他建议，结合2021年启动的《国家职业分类大典》修订工作，根据市场需求，更加精准设定互联网行业的职业类别，提高职业实用性。“从事不同的职业、考取相关职业资格，代表着在这个行业里学习的内容以及专业能力也是不同的，定位更清晰、更符合实际，含金量也更高。”

考虑到互联网的创新性和融合性，他还建议，提升互联网职业的类目级别，使其更开放，成熟一个、补充一个，以适应行业发展需要。

中长期、梯度性、多元化人才培养体系

2021年以来，我国印发了《“十四五”数字经济发展规划》和《“十四五”电子商务发展规划》等文件，都对互联网领域人才培养做出了部署。考虑到人才培养的周期较长，他建议，充分运用大数据等信息技术，增强预判、提早布局、拉长“战线”，制订好中长期人才培养计划。

同时，根据不同地域和发展阶段的不同需求，他建议，建设梯度性的人才培养体系。东部省份、一、二线城市等平台经济和总部经济发展较充分的地区，应特别注重互联网高级技术、管理人才及复合型人才的培育；而中西部省份及下沉市场地区，更需要运营、客服、营销、直播等密集型岗位，这些地方应强化互联网基础技能的普及，提高从业人员基本素质和法律意识。

“让人才供给、人才培养真正得到企业的认可、用户的认可、从业者的认可，互联网行业才能良性、长久发展。”他说，互联网职业人才的供给与培养要跟市场紧密连接，深度促进产教融合，可以让大的互联网平台企业参与进来，一起制订培训内容、培训计划，使岗位与当地优势产业挂钩，推出独具特色的电商培训项目。比如，生态旅游区可以定向培育互联网+民宿运营专员、管理员；牛羊肉产区可以培育线上品鉴师、特色肉类制品直播推广员等新兴职位，推进互联网电商培育走向精准化、多元化。

“除了人才，目前消费者、企业、国家三方的需求还没有真正得到满足，这是互联网电商未来发展要继续深入研究和探讨的问题。”在对互联网行业发展的深度思考中，他认为，互联网电商飞速发展态势下，消费者真正的购买需求、企业平台的创新需求、国家的管理需求等都需重新审视，并制定有针对性的策略，共同推动互联网产业健康发展、高质量发展。

（资料来源：百家号创作者——盘石莫问剑）

项目实训

为更好地了解直播电商企业的岗位设置和人才培养，我们将进行下述实训操作。

【实训目标】

1．了解直播电商人才特征；

2．了解直播电商岗位设置和职责；

3．比对直播电商各类岗位技能的差异。

【实训内容】

调研三家直播电商企业，分析各企业的直播电商有哪些岗位，详细描述每一个岗位的职责和技能情况，并对比三家岗位设置的异同。

【实训要求】

1．通过对企业直播电商人才特征的分析，总结直播电商人才的基本技能和素质要求；

2．根据企业现存直播电商人才的需求和问题，提出有针对性的直播电商人才解决方案。

项目三　直播电商的筹划与准备

【学习目标】

【知识目标】

1. 理解直播电商的定位步骤；

2. 了解直播电商的前期准备工作。

【技能目标】

1. 熟悉人设 IP 在直播电商中的作用；

2. 熟悉有关电商直播流程策划的内容；

3. 掌握电商直播脚本的主要内容。

【素质目标】

1. 具有法律意识和版权意识，遵守互联网信息传播和电子商务方面的法律法规；

2. 树立社会主义核心价值观，自觉抵制不良信息，传播正能量，尊重公序良俗，营造风清气正的网络空间。

【导入案例】

从 22 万元到 10 亿元，直播电商在证明

格力电器董事长董明珠一向以敢作敢为、言语犀利著称。作为一名制造型企业的掌门人，她一直以遍及全国的专卖店默默地表达着对传统商业的坚守；2020 年上半年，她以直播电商的方式作出了经营方式的重要调整。

2020 年 4 月，她代言格力开启了自己的直播卖货之旅，用她的话来说，这是“赶潮流”。2020 年 4 月 24 日晚，她的直播首秀因网络环境等原因，过程体验不佳：全网共 431 万人观看，销售额仅 22 万元。相较于前期投入、格力品牌光环、她的个人 IP 来说，首播的成绩并不理想。在接受采访时称：“最好笑的就是那天人家骂死我了，直播完以后我收到了很多责备的消息，但这都出于关心。我觉得太可爱了，他们是发自内心的着急，他们希望你卖多一点，不然也不会给你提意见。”

2020 年 5 月 10 日，她“卷土重来”，开启第二次直播。这一次，做足了准备：优化设备、调整网络、充分演练、名人暖场、网红辅播……在充分地筹划与准备后，她的第二场直播非常成功：主推单品成交额破亿元、100 分钟内总成交额破 2 亿元；3 个小时后最终成交额突破 3.1 亿元人民币，超额完成目标任务。

2020 年 5 月 15 日，她在京东开启第 3 次直播。这次的成交额突破 7 亿元，创下了家电行业单场直播销售纪录。网络戏言曰：格力女王变身带货狂人。

3 次直播带货，前后不到一个月的时间，从 22 万元到 3 亿元，再到 7 亿元，在这样一个相对较短的时间内，我们不能假设格力品牌效应或者她的人设 IP 获得了怎样的增长或裂变。可以明确的是，直播者对直播更熟练的掌握、更充分的准备是其快速成长并形成标杆效应的关键要素。

（资料来源：百家号创作者——盘石莫问剑，https://baijiahao.baidu.com/s?id=1755325836755230121&wfr=spider&for=pc）

思考：

1．格力电器一直非常强调线下渠道。在其直播带货的筹备中，董明珠应如何协调线上线下渠道的关系？

2．查找资料，分析董明珠为直播做了哪些方面的准备？

工欲善其事，必先利其器。要成功地开展电商直播，必须进行有效的筹划，除了精准定位，还需要充足的人物和场景的前期准备，以及完善的直播流程，这样才可以实现直播电商提高销售转化效率和建设品牌的目的。

任务一　直播电商的定位

直播电商的实时性、真实性和直观性等特点，决定了我们在直播过程中需要快速且精准地向用户传递信息并进行实时互动，所以开展直播电商工作必须先找准定位，以保证主播充分理解企业的商业逻辑与商业行为，从而提高直播效果。

直播电商的达人带货模式，区别于传统搜索型电商，直播电商是主播作为导购，基于专业化知识，针对消费者痛点与痒点进行引导，并借助真实评价、反馈与互动交流提供购买建议，从而促成消费转化。一场成功的直播实际上是一项系统工程，但首先要做的就是精准识别消费者需求，找到消费者痛点与痒点，并从直播内容上寻找差异化的突破点，其主要包括以下四个步骤。

第一步，要深入调研消费者，分析消费者的基本参数，如性别、年龄、职业、收入水平、地理位置等，完成消费者细分，目的在于挑选合适的直播对象，以使直播有的放矢。

第二步，选择最适合所推荐商品的消费者群体，并完成消费者画像，在这个过程中，企业需要解决“6W1H”相关问题：哪些人是我们的直播对象、他们需要买什么、为什么买、哪些人参与购买、如何购买、何时购买。这有助于了解消费者的行为特点，帮助主播做出更有效的直播行为，并为供应链等相关人员提供工作依据。

第三步，针对消费者的需求痛点，有效构建直播的看点、直播商品的卖点，提高直播的商业价值。就目前而言，电商直播不仅头部效应强烈，同质化现象也非常严重，多数直播间的定位都围绕着专业性、性价比、货品丰富等关键词，但这些显然已经很难使其在无数竞争者中脱颖而出，甚至应该成为直播间的标配属性。如何打造有趣、有料的直播内容、建立直播间特有的直播调性，打造直播间的核心竞争力，才是需要思考的方向。

第四步，直播电商企业拥有了清晰的市场定位和商业逻辑之后，还需要对其形象及特色进行持续塑造，培养与确认消费者的心理认知，持续强化消费者的认可、支持和偏爱。

任务二　直播电商的前期准备

直播电商的前期准备，包括人物要素、场景要素和其他准备工作。

一、人物要素

人物是直播内容的第一要素。直播电商的内容输出，包含了直播过程中的视频、图片、文字等的输出，需要呈现观念、品牌、产品、价值等众多内容，依托于直播人员完成展示与呈现。一般来说，主播需要从消费者状态、商品与竞争、卖点、优惠或质保力度等方面入手，最终以演示、互动与激励等手段完成内容输出。尽管内容输出以主播为主体，但辅播和其他运营人员的共同参与、体验营造，也可以提高内容输出的质量，这都需要直播团队的高度配合和对直播过程的高度控制。

（一）主播

在直播电商产业链中，“红人 KOL”是直播的核心载体，品牌商、MCN 机构、内容分发渠道以及数据服务支持方，均围绕主播开展一系列的服务。根据 21 评测实验室调查数据，直播购物消费者冲动消费的比例较高，近半数受访者表示因为被主播推荐的话术吸引，就忍不住下单了。可见，主播是直播中最为关键、最为重要的人员，也是出镜率最高、最受观众关注的焦点人物。主播的表现最终将在一定程度上决定直播的成败。

从职业发展历史来看，主播经历了网络红人、意见领袖（KOL）、IP 化三个阶段。早期的主播普遍均在塑造有个性、敢表达、会呈现的形象，通过这些来获取消费者关注；经过一段时间的发展，一批网络红人通过在人际传播网络中为他人提供信息、施加影响并强化被关注程度，即致力于成为意见领袖；意见领袖将自身形象与商品相互植入就是主播构建人设、逐渐 IP 化的过程。换而言之，打造 IP 的过程就是通过持续产出个性化的原创内容并且可以通过多个平台进行内容分发从而形成对特定粉丝群的直接影响力的过程。此时，直播的变现能力大大提高。主播的人设 IP 化，不仅更方便植入内容，还可以持续开发，从而保证主播的带货能力稳定甚至进一步提高。在 IP 时代，网民对于主播的认识不再局限于搞笑、娱乐等，而更多地关注于分享生活、传授知识、共享经验等。

对于主播来说，直播电商对其有一定的要求，这体现在出镜形象、沟通表达能力、决策与应变能力、形象标签及货物象征等方面。

在出镜形象方面，虽然不需要每一个主播都美丽大方，但一个更易被认可、有感染力、开朗大方而善于沟通的出镜形象是绝不可少的。从沟通表达能力来看，主播必须善于沟通，可以与观众形成良好的互动。在决策与应变能力上，主播在出现一些关键且紧急的直播状况时，要能够迅速作出决定。形象标签可以帮助主播建立并获取独特粉丝群，它类似品牌在个人身份上的展现。货物象征是要求主播在带货的同时，首先要能获得足够多的好货，如董明珠可以确保她有最多、最可靠、最优惠价格的格力空调，这是她在直播行业崭露头角的决定性原因。

另外，主播也需要掌握直播工作中的常用技巧，一般在提高互动参与、促销配合与宣传、熟悉自身商品、抗压能力、话术表达、临场应变、持续学习、强化人设等方面要相对优秀。

（二）辅播

直播不同于教师站在讲台上传道、授业、解惑，也不同于新闻发言人端坐台前一丝不苟地、专业地回答问题。直播本质上是一种商业场景的塑造或者颠覆，它通过主播与协助人员完成商品的讲解、演示和与观众的互动。直播需要相关人员一起出现在镜头前帮助完成场景转变，同时还需要实时关注直播平台的关键数据、处理紧急情况。辅播的存在非常必要，他们是直播间的控场人员，对主播起到重大支持作用。

与主播同台出镜的辅播，相当于主播的助理，一般同样擅长于活跃与调节气氛，甚至在后台操控、粉丝反馈、数据观测、商品介绍等方面更专业。尤为关键的是，辅播一般还需要善于适当调整主播的一些行为或表达方式、控制直播节奏与进度。

二、场景要素

直播间的场景就是主播所处的线下直播场景，直接决定了消费者在观看直播时的视觉感观和消费体验，极大地影响着整场直播效率。直播电商的场景要素主要包括设备和直播间布局。

在极端情况下，一部手机也可以完成直播。但更专业的设备与场景布设，可以更有效地提高效率、促进转化、控制过程。直播不受地理位置的限制，其潜在收看的用户数量可能非常大，所以主播最好有高配置的计算机，如选择 i5 以上的处理器、采用独立网线等，避免在直播过程中出现卡顿现象。如果采用手机直播，则最好准备至少两部手机，一部用来直播，另一部用来查看粉丝留言，方便与粉丝及时互动，同时还要特别注意保持电量。另外，还应该选择更专业的摄像头，保证直播的清晰度，最好能满足自带美颜、特效滤镜、多镜头切换等功能。

直播间布局包括灯光和背景等，一般来说，应该依照明确和简洁两个原则进行布置。“明确”就是直播间要通过文字或图片等直接告诉用户“这个直播是做什么的”，或者告诉新用户“如何参与”；“简洁”即直播间布置应简单明了，直接告诉用户“这个直播间是什么直播间”。我们在布局时需要根据品牌定位和商品特点来作出相应的设计，如灯光的明暗程度、色温色调、背景墙的颜色与风格等。此外，还应该注意直播间的隔音效果、话筒收音效果等。表 3-1 是带货直播物料简表。

表 3-1 带货直播物料简表

序号	物料名称	数量	规格与用途
1	智能手机	4 部	直播手机：前置摄像头 720P 或以上
			商铺手机：用于实时货架操作
			另需一部对外联系的手机，音乐播放手机视情况确定
2	号码卡	2 张	分别用于直播账号登录、商铺账号登录
3	手机支架	2 个	分别用于直播与辅播的手机，要高度适合
4	路由器	1 个	配套网络网速上传带宽不低于 10 Mbit/s
5	补光灯	9 个	柔和轨道聚光灯、吊灯、立体射灯多台互相搭配
			环形灯至少 1 个，要求具备补光美颜功能
6	装饰	1 套	室内背景墙（墙布或墙纸均可）
			室内挂件、摆件、花卉盆景、桌椅等
7	播放设备	1 套	移动话筒、支架、耳机、转接线等
8	电源插座	若干	备用电源插座若干
9	货物	若干	出镜、试用货物若干；备用货物、陈列货物若干

三、其他准备工作

优秀的主播会在直播前进行演练，尤其是在进入直播行业的初期，对涉及的商品或行业不熟悉、直播团队发生改变时，演练是加强直播能力、优化直播流程、提高直播控制能力、完善直播质量的必要前提。播前演练可以提前数天进行，进行整场演练或者关键节点演练（如开播、结束、主推商品推荐等）。当主播对当场主播内容及配合非常有把握时，也可以在开场前进行演练，此时的演练在更大意义上不是寻找提高与优化的可能，而是直播团队的热身、工作场景的测试。

任务三　直播电商的流程策划

在直播电商的推动下，企业流量结构重组明显、转化手段改变频繁、品牌力量表现形式更为多样。想要获取直播红利，持续优化直播流程并改进直播流程的各个阶段是提高直播质量的必然要求。

本任务的内容主要包括直播活动要点分析、主播人设及直播账号的选择、直播活动预热、直播脚本、直播运营。

一、活动要点分析

一场直播电商活动要成功，首先要明确直播活动的目的，如是为了销售产品，还是推广品牌、积累粉丝。确定了活动目的后，才能决定活动内容，包括直播时间、商品品类、折扣力度、秒杀产品、抽奖和红包数量等。然后要合理规划可利用的渠道，包括微信粉丝群、QQ 粉丝群、微博、微信公众号、网站直播平台资源位、广告渠道、新闻媒体和其他付费渠道等。

二、主播人设及直播账号的选择

主播作为消费者眼中最直观的“直播的代表”，对于直播场面的掌控和与“粉丝”间的互动效果起着决定性的作用。针对直播的内容定位，主播的人设大体可以分为以下三类。

（一）行业专家

直播内容以垂直行业的深度知识展示为主。有些主播是企业创始人或总经理等高管，“BOSS 亲自带货”本身就可以帮助企业捆绑热点话题、增加流量，而高管对于整个行业的见解和对于自身企业的认知可以使直播内容更有深度、更为专业，更能吸引其面对的消费群体，从而带动产品销售。

（二）种草达人

直播内容以产品评测的试用及推荐为主。种草达人凭借某个领域的专业知识成为消费 KOL，如美妆博主或数码博主，通过极具针对性的性能或参数介绍，再加上直观的现场展示与体验，能迅速把产品推荐给观众。

【课堂小贴士】

如果推荐一款粉底液时先分析它的成分，再重点介绍它的保湿性好、质地轻薄等性能，并在模特（可能是辅播）脸上进行试用展示，那么消费者就能迅速认同达人主播的推荐。

（三）跨界玩家

直播内容以生活态度的分享为主。主播一般从生活场景出发自然地过渡到产品的介绍，如城市探店打卡—店铺推荐、生活技巧分享—居家用品等。

在竞争逐渐加剧的前提下，平台也开始进行深入定位，即选什么样的主播、播什么类型的内容、构建何种商业模式与价值空间。此时，平台的选择非常关键。例如，一个受女性关注较多的平台，更适合美妆、母婴、服装、食品等产品的直播，而销售体育器材、户外设备等男性化产品的效果可能不佳。

直播期间使用商家账号还是主播账号应该根据直播平台主播拥有的粉丝数量来判定，如果主播自有粉丝量较大，就可以直接用主播账号，反之，建议商家自己注册直播账号，在直播过程中可以引导用户关注，沉淀自有粉丝，以便于后续宣传推广。

三、直播活动预热

预热推广是活动开始前的必要环节，可以有效增强消费者记忆。商家可以采用“预约”的方式，即让消费者通过预热活动入口进行预约，在直播开始时提前通知粉丝前来观看。

预热的推广渠道和正式活动的推广渠道基本一致，不过，商家针对预热活动的推广素材应重点突出活动福利，包括高价值礼品、超低价产品、秒杀资格等，同时要注意促进转发分享，扩大预热推广的覆盖范围，吸引更多的新用户关注。另外，如果主播是知名网红，也可着重强调与其相关的权益，如与粉丝连麦隔空对话等，毕竟知名主播自带的流量有时比产品的价格更有优势。

案例 3-1

某知名主播在进行“吃货趴”的直播前，会制作精美的海报，将那些即将出现在直播间的合作商家一一列出，并且提前放出直播时间和直播产品的预告。除此之外，还将产品的原价列出，与不完全展示的直播价格进行比较，用问号代替关键部分价格，通过这种方式来制造悬念，吸引那些希望通过直播获得更多产品优惠的消费者（见图 3-1）。

四、直播脚本

直播脚本就是直播的剧本，它以一篇稿件为基础，形成直播的工作框架，规范并引导直播有序地推进。在直播过程中，主播在没有脚本的情况下介绍产品容易因信息琐碎造成重点与卖点不突出，或因时间控制不当导致产品介绍时间超时或剩余时间过多等一系列问题。

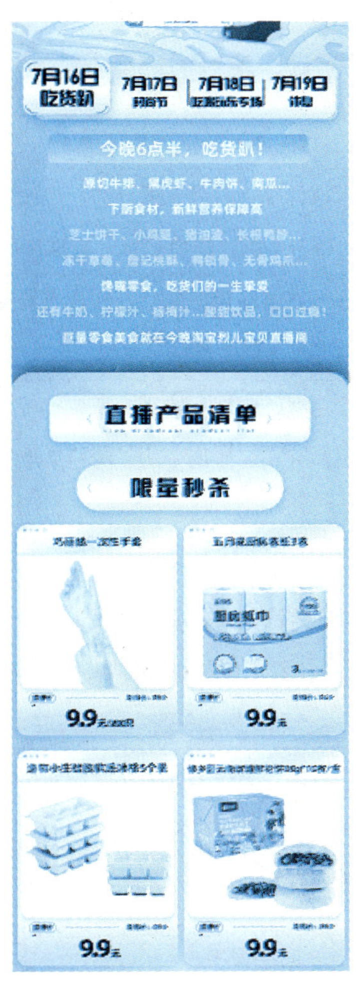

图 3-1　《吃货趴》直播预告

直播脚本应简练完善，但并不要求其在内容丰富程度、细节完整程度等方面与电影剧本相媲美；同时，对有经验的主播开展熟悉的产品直播来说，也应适当留存发挥空间。

直播脚本一般以完整的直播为单位，或以单品解说为单位。一般来说，整场直播的脚本，强调流程、时间、工作配合、技术指导等；单品的直播脚本则致力于产品卖点，突出特点与利益，强调客户利益结合点，强调直播中以体验的方式佐证产品真实、高效、优惠等。

（一）直播脚本的主要内容

直播脚本最简单的写法是按流程来撰写，最终以流程的方式控制直播，表 3-2 列举了直播脚本的主要内容。

表 3-2　直播脚本的主要内容

序号	内容	说明
1	直播目标	设定当日直播的考核标准，明确直播目的，方便过程管理及复盘，并形成闭环管理。例如，带货件数、带货金额、涨粉目标、流量目标等
		设定目标时要充分考虑前期数据基础，结合当场直播的推广与外部支援情况，应是主播和团队共同努力方可达到的目标
2	直播人员	直播人员通常包含主播、助理、辅播、场控、客服、技术等人员。直播脚本应明确不同人员的职位、工作分配、协调方式、沟通渠道等，此外，还应关注对直播人设的强化内容
3	直播时间	确定直播的时间安排、各项内容的时间分配。一般情况下，主播应形成自己的时间规律，即每场直播时间大致上是固定的，不可任性调整
4	直播主题	确定本场直播的核心主题，为主播的推荐、为观众的下单找一个“无法回避”的充分、恳切的理由，如厂家赞助、利润反馈、支农支边、救灾救难、官方大促、购物节等
5	设计直播间互动活动	加强互动、沟通，避免信息传达的单向性，如粉丝福利、现金红包、送大额优惠券、抽免单、送其他各种各样的小礼品等
		在执行时间方面也要有特殊设计，保证活动不断、活动时间与观众可能出现的变化相吻合（如离场、下单等），一般在开播、特殊时间节点、结束直播等时间点必须安排互动活动
6	准备工作	准备是直播脚本中最全面、最细致、最具体的工作。一般包括场景布置、氛围塑造、产品陈列、卖点提炼、销售话术、互动表达、关键问题回答、个性化标签化词语重复等
7	特殊问题应急处理	直播中可能面临的各类问题需要提前准备，如流量的急剧变化、网络问题、平台链接问题、观众提出的特殊问题等。简单来说，特殊问题应急处理，是保证直播不“翻车”、少“翻车”，即使“翻车”也可以转危为安的预备性工作
8	细化每个时段	把以上 7 点细分到整场直播的每一个小时段里面，具体确保到每一个产品的介绍与推送上

（二）直播脚本的表现形式

在明确直播脚本的主要内容后，企业应结合主播特点、环境与设备、所推荐的产品拟定直播脚本。直播脚本一般以企业内部规范化的表格形式表达，需要明确时间、目标、人员、主题、卖点、前期准备，以及各时间段的具体操作规范与直播要点。表 3-3 所示为表格样式的直播脚本。

表 3-3　表格样式的直播脚本

<table>
<tr><td colspan="9">2022 年 5 月 31 日儿童节直播脚本</td></tr>
<tr><td colspan="9">直播目标：销售金额达 110 万元、观众超 3 万人、增粉 400 人</td></tr>
<tr><td colspan="9">直播人员：主播、助理、辅播、场控、客服、技术人员的具体安排（简化）</td></tr>
<tr><td colspan="9">直播时间：自 16：30 开始，共 3 个小时，至 19：30 结束；分预热、“奶粉”段、玩具段、服装段、学习用品段、奶瓶段等不同时间分场</td></tr>
<tr><td colspan="9">直播主题：快乐儿童节，全场小件 9.9 元大件 99 元，包邮秒杀</td></tr>
<tr><td colspan="9">前期准备：价格优势、利益优势、氛围创造、推广效果等</td></tr>
<tr><td>时段</td><td>总流程</td><td>分项主题</td><td>人员安排</td><td>后台、客服、技术</td><td>卖点</td><td>话术</td><td>优惠力度</td><td>备注</td></tr>
<tr><td>16：30—16：36</td><td>预热</td><td>“粉丝”互动，剧透、坚决态度表示</td><td>主播等</td><td>推送信息、多平台互动</td><td>一线品质、二线价格</td><td>“老铁”们，别让你儿时的遗憾再伤害你</td><td>低价、包邮、赠品</td><td>其他</td></tr>
</table>

五、直播运营

（一）直播实现陪伴和互动

在直播时代，大量的观众并不是为了购物而观看直播，对他们来说，观看直播不仅可以实现购物消费，也是一种娱乐和消遣，还可以满足接收信息、调整心态、表达诉求、交流互动的需求。直播能让观众与主播间产生同好、共鸣，实现陪伴、互动、推荐。

1. 用陪伴建立习惯

直播消耗的是用户可自由支配的时间。所谓流量竞争，其实就是争取用户多停留在自己的直播间里。在大多数情况下，用户停留时间和成交率成正比。对于主播来说，直播应该是长期的陪伴式服务，主播和粉丝建立感情，并通过持续地、反复地响应观众需求来表达陪伴。优秀的主播通常都是在固定时间开播，并不断努力培养用户定时收看的习惯。

2. 用互动强化印象

直播间在某个时间点将用户聚集，以活跃的氛围形成羊群效应，利于订单的成交。互动的目的是给予粉丝存在感和尊重，拉近主播和粉丝之间的距离。企业要提前规划直播间的互动话题。

对用户来说，双向视频直播互动可满足用户现场参与感；对内容生产者来说，其通过互动可更好地进行内容布局调整；对直播平台来说，互动性可大大提高用户体验和用户黏度。

3. 用推荐实现变现

随着直播电商内容的丰富，用户需求会从内容消费进化成产品消费。直播电商要想利用在线直播推广产品体验，主播就只有依靠个人魅力与观众建立起类似“好友推荐”的信赖关系才具备强大的“种草”带货能力，从而推广产品体验。同时，主播也要善于利用赠品、秒杀等粉丝福利来刺激用户完成购买行为。

（二）提供原创且优质的内容

从价值角度来看，内容影响受众的功能价值，进而影响其情感价值，再通过与社会价值的共享，最终以认知价值体现，这些价值决定着内容的制作并与内容制作形成闭环，进而形成选择角度上的区别。内容价值模型如图 3-2 所示。

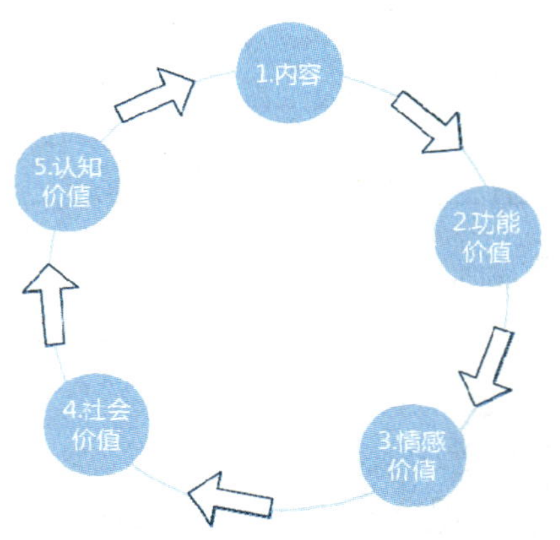

图 3-2　内容价值模型

在充分遵守内容价值模型的基础上，做到高品质的内容输出，还需要让各部分内容相互关联、内容与新闻热点关联，甚至利用新闻热点制作内容，也就是“蹭热度”。内容制作的一般规律如图 3-3 所示。

直播需要与用户产生交流互动，必要的刺激必不可少，如从其他内容输出（如视频网站、微信、电影电视、体育赛事等）中“搬运”一些有趣、生动的内容。当然，这种“移植”虽然有利于运营者快速吸粉，但是不利于主播个性与 IP 的建设。

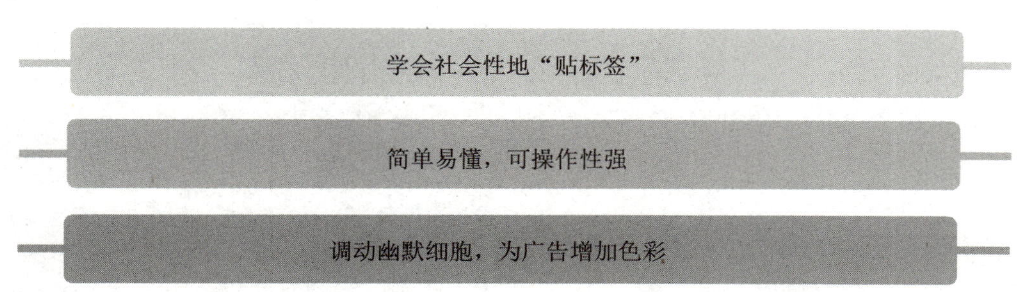

图 3-3　内容制作的一般规律

从更广泛的内容输出来讲，输出的不仅是主播在镜头前的演讲和体验，还包括评论区评论、挑战赛设置、引入第三方社交平台、其他相关新媒体运营“留粉”等形式。这些在一定程度上会和主播的直播内容输出之间形成互利关系。

项目小结

筹划与准备工作对于直播电商来说是不可或缺且极其重要的。在直播电商的筹划过程中，企业需要重点关注人物与场景两个关键要素，依托主播提高直播质量，依托辅播控制节奏，通过直播间布置帮助完成直播工作，从而实现商业目的。

在直播的过程中，企业需要着重布置三个方面的工作内容，即“播给谁看”“播什么内容”“如何播”从定位的角度来说，选好目标受众、对直播内容进行合理规划并赋予其差异化的标签是直播成功的基础；从内容来说，实现陪伴、互动与推荐的直播内容是电商直播成功的关键；从直播过程来说，通过合理的直播脚本规划控制直播节奏是电商直播成功的必要手段。

需要明确的是，主播的人设 IP 对于直播的影响也很大。提前规划并建立主播的人设 IP 不仅更有利于流量的获得，也有利于长效变现机制的建立。这不仅是直播间、主播的品牌建设，也是企业需要完成的规划与建设工作。

项目检测

一、单项选择题

1．在一场直播活动中，最核心的要素是（　　）。

A．直播内容　　B．主播
C．直播间　　D．直播间在线粉丝

2．在直播平台上，（　　）是直播平台上用户的最主要需求。

A．消遣娱乐　　B．满足存在感
C．增加知识　　D．购物

3．主播的具体开播时间点，主要依据（　　）来决定。

A．主播的粉丝空闲时间段　　B．主播的空闲时间段
C．用户看直播的黄金时间段　　D．主播的心情状态

4．直播活动最主要的特征是（　　）。

A．实时性　　B．即兴性
C．真实性　　D．连贯性

二、判断题

1．主播通常都是在固定时间开播，并不断努力培养用户定时收看的习惯。（　　）
2．直播脚本应在内容丰富程度、细节完整程度等方面与电影剧本相媲美。（　　）
3．直播预热的推广渠道及推广方式和正式活动的推广完全一致。（　　）

三、思考题

1．直播电商人物要素有哪些？
2．直播内容的场景要素有哪些？
3．直播电商的流程策划包括哪几个部分？
4．直播脚本主要包括哪些内容？
5．如何在直播过程中实现陪伴、互动与推荐？

四、案例分析题

从新手到“直播间清流”，新东方双语直播带货爆火

2022年6月，新东方旗下的直播带货平台“东方甄选”主播因双语直播带货人气大涨，3天涨粉超过130万，多次登上热搜榜。在爆火之后，俞敏洪也来到直播间，和众多老师们一起直播带货。2022年5月12日以来，新东方在线股价已然实现翻倍，其间累计涨超107%。

爆火并非一蹴而就。2021年年底，新东方在线推出农产品直播带货平台东方甄选，正式踏入农产品电商直播赛道。彼时，新东方在线转型农产品直播并不被外界看好。产品易损、

领域陌生、品控难保、流量不高等问题都曾是直播路上的阻碍，不高的销售量也让这一转型之路举步维艰。

2022 年 6 月，这种状态迎来转机。带着双语直播、知识盛宴等标签的东方甄选直播间被推到大众面前。截至 6 月 14 日晚 8 时 15 分，东方甄选平台的粉丝超过 500 万，直播间在线观众超 9 万人。

从开启农产品带货首秀，到双语直播带货引发关注，新东方在线花费了近半年的时间，摸索出一套适合自己的模式，让东方甄选直播间被更多人看见。

"他们其实是无意中把自己平时的英语教学跟卖的东西结合起来"。面对直播间双语直播的走红，6 月 10 日，新东方俞敏洪在东方甄选直播间说道："感谢各位网友的包容、宽容和支持。"

促成直播间爆火的原因是什么？东方甄选对优质产品的把关和选择、对直播间内容调性的把控、将客户作为服务的中心这三大原则为直播间的爆火奠定了基础。

直播带货最终聚焦的重点是"货"的质量。"我们在农产品的品质方面提出三个要素，就是健康、美味和性价比。"据了解，在东方甄选上线之初，其对品质便提出了高要求。在去年俞敏洪农产品带货的首秀上，他便提到，"东方甄选的小伙伴们为了选出这几十种产品，也费尽了力气，行走了祖国大地的很多地方。我对他们有一个要求，就是任何一个产品选出来之后，必须到原产地看一看"。对于选品，俞敏洪表示，团队在产品品控方面不一定能做到百分百完美，但不能有漏洞。

而与此同时，东方甄选直播间与其他直播间的差异化更多是体现在主播的带货方式上。东方甄选直播间在经营初期，虽然比较艰难，但当时的农产品平均观看时间已经达到了 5 分钟，数据时长相对较长，这也意味着主播讲的内容有趣，在早期已经得到了一部分粉丝的认可。因此，东方甄选对直播间调性的把握，文化内涵的重视也成了一大亮点。

以客户为中心是三大原则之一。从直播首秀开始，过去半年，公司所有的管理层和主播都进入了粉丝群，在群内倾听粉丝的意见。同时，公司有专门的负责人员每天及时整理每个客户关于产品质量的反馈。此外，在赔付措施上，如果产品供应商不能快速给客户一个满意的答复，东方甄选会先行对消费者进行赔付。

此次直播间走红后，公司将重点关注产品、供应链、物流发货以及客户口碑和评价等相关情况。同时，公司对东方甄选主播们的直播准备提出了更高要求，"有这么多的客户关注到我们，并且给我们这么多鼓励，我们应该把更好的内容拿出来。"

对于未来发展，东方甄选仍将以农产品为战略定位。而针对近期在直播间出现书籍等产品，孙某表示，图书等产品的出现是响应客户的呼声。据悉，东方甄选近期已推出"东方甄选之图书"这一子账号，为观众推荐经典书籍。

（资料来源：新京报社官方账号. 从新手到"直播间清流"，新东方双语直播带货爆火背后的转型探索. 新京报. 2022 年 6 月 14 日. https://baijiahao.baidu.com/s?id=1735626128751939289&wfr=spider&for=pc）

项目实训

为了更好理解和掌握直播电商的筹划与准备工作，我们将进行下述实训操作。

【实训目标】

1．掌握直播电商的前期准备工作内容；

2．理解主播 IP 人设的意义与构建逻辑；

3．掌握电商直播脚本的主要内容。

【实训内容】

结合本章内容，选择你熟悉的 2～3 个不同类型的直播主播，分别完成其人设 IP 的构建，并为其策划一场直播活动。

【实训要求】

1．需要有完整的电商直播活动策划流程，包括直播脚本中的各项内容；

2．选择 3～5 款适合该主播的产品，并为其匹配相应的促销内容和推广渠道。

项目四　直播电商的策略与运作

【学习目标】

【知识目标】

1. 理解直播电商运营的实质，理解直播电商的运营目标；
2. 了解直播电商在企业内部的运作过程。

【技能目标】

1. 理解并掌握直播电商的运营策略；
2. 学会运用数据分析，建立直播电商运营的自检调整机制。

【素质目标】

1. 养成规则意识，遵守事物发展的客观规律；
2. 遵守公序良俗，营造风清气正的网络生态。

【导入案例】

罗某的抖音直播首秀

2020 年 4 月 1 日晚 8 点，罗某在抖音平台开启直播卖货首秀。3 小时的直播过程中，22 款产品轮番出场，最终首播支付交易总额突破 1.1 亿、整场直播观看总人数超过 4800 万、总销售件数逾 91 万，看起来离“抖音带货一哥”的目标又近了一步。

本次直播产品涉及数码科技、日用百货、食品等三大品类。根据抖音官方公布的数据显示，小米 10 系列售出 3800 多台，销售额超过 1600 万元；联想 Thinkplus 电源售出 3.6 万多个，很快销售一空被下架；搜狗 AI 录音笔售出 1600 多支，米家声波电动牙刷售出超 10 万支，信良记小龙虾售出超 15 万份，小米巨能写中性笔售出 50 万支。

对于罗某直播带货这件事，网络上出现了极为撕裂的两极化评价，很多人表达了希望罗某此次能够成功的愿望，并且以实际行动下单予以支持，但还有更多人通过微博、微信等社交媒体对此进行吐槽，认为他并不适合带货。

实际上，在罗某直播首秀数据亮眼的背后，与其说是一场成功的直播卖货，不如说这是一次成功的营销事件。

在直播前，无论是罗某团队，还是几十家合作伙伴，或者是抖音平台，都进行了大量前期宣传。而在直播过程中，抖音也倾注了大量的流量资源，甚至让很多人打开抖音后第一条内容就出现罗某直播链接，最终引来 4800 多万人围观。

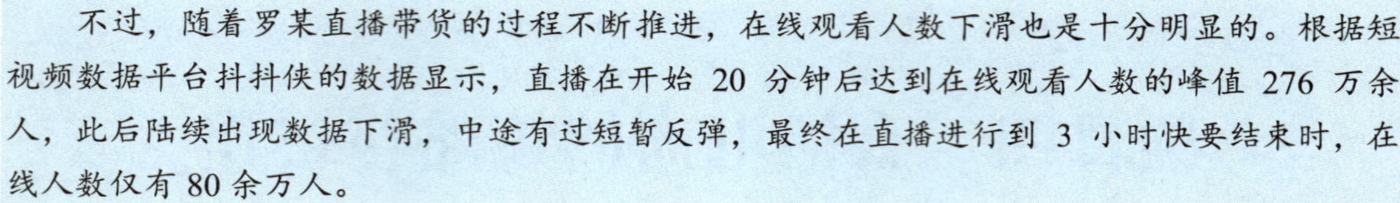

不过，随着罗某直播带货的过程不断推进，在线观看人数下滑也是十分明显的。根据短视频数据平台抖抖侠的数据显示，直播在开始 20 分钟后达到在线观看人数的峰值 276 万余人，此后陆续出现数据下滑，中途有过短暂反弹，最终在直播进行到 3 小时快要结束时，在线人数仅有 80 余万人。

思考：

1．罗某抖音直播首秀成功的原因有哪些？

2．直播电商可以采取哪些运营策略让直播效果更好？

台上一分钟，台下十年功。罗某首播成功的背后是其精心的准备和运营策略。直播电商企业要成功不仅要运用选品、价格、转化等运营策略，同时还要清楚数据资产和团队协作的重要性。

任务一　直播电商运营的实质

移动互联网时代的电商运营已经从单纯的卖货、促销进入拼粉丝时代。因此，高质量的粉丝是移动互联网时代电商企业的生存基础，也是电商企业发展的生命线。

进行直播电商运营企业要实现内部对直播的共识，应充分了解粉丝需求，为直播电商赋能，通过供应链让直播间的主播实现“帮助粉丝买产品”。企业通过运营能力，将直播间的用户转化为主播粉丝，让主播带货，进而实现直播间产品更高的销量。本节主要从直播电商赋能和直播电商的运营目标出发，帮助读者理解直播电商运营的实质。

一、直播电商赋能

以产品为代表的直播电商企业要对直播赋能，通过自身供应链的优势，一方面要提供更高性价比的产品实现价格赋能，另一方面要通过大数据能力提高产能，以实现直播电商消费者转化和高销量的运营目标。

（一）价格赋能

对于直播电商企业来说，产品定价要围绕直播的需求进行设计，低价不是唯一目的，高性价比产品是直播电商定价的优先选择目标。价格赋能就是通过高性价比产品满足消费者低价、便利性、新颖性、高端、降低风险、过程体验等方面的要求。

1．满足消费者低价的需求

很多时候消费者想购买某件产品，但是碍于价格不得不放弃或者选择其他的低价替代品。基于此，物美价廉的产品能够满足消费者低价的需求。围绕这一点，直播电商企业就需要解决产品问题。一是能否获得高质量的产品，二是能否获得明显低于市场价格的产品。目前，各大平台的头部带货主播已经获得了渠道议价能力，他们直播间的大品牌产品价格甚至比“双十一”还低。

2. 满足消费者的便利性需求

消费者有购买某种产品的需求，但是由于购物过程相对烦琐，可能还需要付出时间和精力等，会产生便利性的购物需求。电商购物可满足消费者的便利性需求，如可以足不出户购物、方便比价等。直播电商企业还能够满足消费者的一些便利性需求，直播间可以让粉丝更加直观地感受到产品的优劣。

3. 满足消费者新颖性的需求

很多消费者对一成不变的东西会感到不满，渴望更新。直播电商企业需要思考的是，在当前的直播电商环境中，有哪些解决方案是一成不变的，而且消费者都已经厌倦了。例如，现在很多电商直播间一成不变地称呼粉丝为“宝宝”“家人”、一成不变地讲“今天直播间限时优惠价”等。直播电商企业要推陈出新，努力让直播间做出一些消费者想要的改变。

4. 满足消费者的高端需求

当消费者很喜欢某类产品时，若这类产品比其他的产品更低端，则会阻碍他们的购买。因此，针对此类追求高端产品的消费者，电商企业需要让所售产品更高端。同时，直播电商企业需要提供一些方案使得直播间环境或者氛围能够显得比较高端，从而满足消费者的高端需求。

5. 满足消费者降低风险的需求

消费者都想获得100%的购物保证。在目前的直播电商市场中，消费者会遇到一些风险，如售后处理麻烦、收到的产品与直播间看到的不一致、不发货等。直播电商企业应该作出让消费者切实可信的承诺，从而降低购物的风险。例如，承诺 7 天无理由退换货、退换货运费都由企业承担。企业只有以消费者为中心，想尽办法降低消费者购物风险，才能获得消费者的青睐与忠诚度。

6. 满足消费者过程体验的需求

目前有些消费者在电商平台购物以及在直播间购物有着不太好的购物体验，他们渴望对此进行提高。例如，下单前要先领取优惠券，然后下单抢购，这个过程费时烦琐，影响体验。如果能够找到那些令消费者很不满的过程体验问题，再帮他们解决这些问题，企业就能够获得很好的效果。

（二）产量赋能

直播电商的出现和发展严重缩短了爆款产品在市场上的流转时间，这让直播间对合作的供应链的响应速度要求相应提高。主播的多重职能减少了供应链环节，同时直播的实时互动提高了供应链效率，这些改善要求直播电商企业通过供应链优化实现产量赋能。

1. 主播的多重职能减少了供应链环节

主播的多重职能减少了供应链环节：主播既是促销员，也是客服；主播既是网店运营人员，也是店长；主播既是代表厂商面向消费者的零售商，也是代表消费者面向厂商的批发商。主播将多重职能集于一身，让消费者购物通过一个主播即可完成。

例如，在蘑菇街的直播通路中，前端是消费者，后端是供应链，中间是主播，蘑菇街实际上处于幕后隐藏状态。这条通路减少了批发商、零售商等环节，比电商店铺还要精简。

2. 直播的实时互动提高了供应链效率

传统商场、电商店铺，工厂要经过几周才能接收到消费者反馈，而且这种反馈经过零售商、批发商或者网友评论等途径，容易失真，因此，企业常常无法及时有效获取消费者反馈，无法指导生产。而直播能够实时获得消费者反馈，如蘑菇街的直播大数据也可以辅助企业获得消费者反馈。这样，企业在大规模生产前可进行小批量测试，及时调整生产，提高响应市场的效率。

二、直播电商的运营目标

直播电商的基础目标是将直播间的用户转化为主播的粉丝，而直播电商运营的最终目标是为产品带来更高的销量而获利，这也是直播电商运营的关键目标。

（一）将直播间的用户转化成主播的粉丝

用户成为粉丝，代表用户开始信任主播。主播与用户建立起了信任背书的关系，才有销售转化的可能。如何增加粉丝的黏度、提高转化率是当前很多企业碰到的难题之一。企业通过话术、行为、关系、事件、利益等手段可更快实现粉丝转化。

1. 话术：新人关注，必将言谢

人在任何场合都希望被尊重，被重视，当新人进入直播间时，主播一定要说出粉丝的名字，并且说一声感谢。这样能增加粉丝对主播的好感，提高粉丝在直播间的停留时间，提高转化率。

2. 行为：引导用户加群，实现羊群效应

在直播过程中，主播一定要引导粉丝加群，这能起到使粉丝相互影响的作用，即“铁粉”带动“新粉”，通过群交流的方式，给“新粉”传递更多信息。同时，这样做能提高群粉丝人数，提高粉丝留存概率，提高粉丝的活跃度。

3. 关系：主播和粉丝产生一定的关系

即使得粉丝与主播或店铺之间产生一定的关系，让粉丝产生归属感。例如，一些头部商家、大主播，形成了后援团形式的“铁粉”阶层。

4. 事件：利用官方活动和当下热门事件

企业可在直播过程中进行回放和提醒，增加粉丝的印象，同时利用官方活动造势，如直播“双十一”大促。主播在直播中进行预告，在自己参加活动的同时，进行直播中的活动打造。直播中也可以利用热门事件蹭热点，但是要注意不能触犯法律。

5. 利益：感恩粉丝，利益支持

在直播过程中，企业除了销售产品，也需要让粉丝获利、主播或企业对粉丝的感谢。边看边买，还有小惊喜。直播中带动粉丝，粉丝成就商家或主播。依靠直播中的细节关注，感恩粉丝，提高粉丝的黏稠度，让粉丝和直播获得共同成长。

（二）为直播间的产品带来更高的销量

从运营和营销的角度来说，直播是传达信息和获取信任的最优选择。但要想快速成交，只传达信息和获取信任还不够，还得有说服力。因此，主播不仅要洞察消费者需求，还要学会运用直播带货中产品的稀缺性实现高成交率。

1. 洞察消费者需求，要贴合消费者需求

直播中的两个重要元素是人物、场景。企业要洞察消费者需求，给消费者最想看到的产品或服务，如旅游企业在景区直播；医疗企业以医生为主播；健身企业邀请“瘦身达人”做直播；加盟性质的企业把直播场景设在各地“火爆门店”等。

2. 运用直播带货中产品的稀缺性实现高成交率

在直播的过程中，如果能巧妙利用稀缺性这一属性，利用涨价、取消额外的赠品、产品下架等方法让粉丝知道如果他们不在这次直播购买产品，可能会面临断货、涨价的风险，就能有效提高人们的购买欲望。

例如，某主播的直播，“三二一，放链接！”某话音刚落，单价 1000 多元的 10 万件化妆品被一抢而空！如果用心听的话，她说得最多的话是：“我跟你们说，这件产品一定要

买，我们好不容易争取来的，错过就没有了，真的没有了。”主播熟知稀缺性的重要，也懂得利用产品的稀缺性实现更高的销量。

任务二　直播电商的运营策略

直播电商的运营策略很多，本节主要介绍选品策略、产品组合策略、转化策略、提高签收率策略、直播间暖场策略。

一、选品策略

选品策略即通过相关方法挑选适合直播的产品。选品策略的核心是要匹配直播间的用户画像。

在大数据时代背景下，用户信息充斥在网络中，用户画像是指将用户的每个具体信息抽象成标签，再利用这些标签将用户形象具体化，从而为用户提供有针对性的服务。表 4-1 所示为主要内容平台用户画像。

表 4-1　主要内容平台用户画像（2022 年 12 月）

平台名称	定位	日活量	月活量	用户黏性	用户基本特征	适合带货品类
抖音	原创短视频分享平台	6 亿+	8.88 亿	弱关系 平台推送及内容运营	潮流、时尚 30 岁以下的占比 53.2% 男女比例为 52：48 三线及以下城市用户占比 55.9%	冲动消费品 时尚消费品 大众类消费品 新品类
快手	国民短视频社区	3.58 亿	6.13 亿	强关系 注重私域流量和粉丝运营	大众、接地气 30 岁以下的占比 52.7% 男女比例为 52：48 三线及以下城市用户占比 59%	大众类消费品 高性价比产品
小红书	分享生活方式的社区平台	2 500 万	2 亿	强关系 意见领袖属性较强	垂直、种草 30 岁以下的占比 51.5% 男女比例为 13：87 一线城市用户占比 57.7%	时尚消费品 高端消费品 美妆日用品
B 站	Z 时代兴趣爱好社区	9 280 万	3.6 亿	强关系 拥有超强黏性的净值用户	年轻、“二次元” 30 岁以下的占比 95.5% 男女比例为 48：52 一线及沿海城市用户占比 70%	个性化产品 “二次元”周边衍生品

综观各直播平台，其用户画像有着明显的差别。因此直播电商企业在选择直播平台的同时，也要精准匹配直播间的用户画像。

例如，当前最为火爆的抖音和快手直播平台，二者用户基数都超过 3 亿。但是细分来看，抖音用户是偏潮流、时尚的群体，因此适合的电商产品品类应该是冲动消费品、时尚消费品、大众类消费品以及新品类；而快手用户是相对大众、接地气的群体，因此适合高性价比产品以及大众类消费品。

通过匹配直播间的用户画像，企业可以从价格和功能两个方面来匹配主流直播电商平台的用户需求。

（一）以价格匹配用户画像

因为受制于运营的模式和用户群体的特征，只有高溢价、高频次、低价格的产品才是直播畅销品，如化妆品、口红、饰品、零食等。

在电商行业中，同质化问题严重，因此，高性价比是提高直播带货模式成功率的关键因素之一。知名度不高的主播需要通过高性价比的产品和真正有吸引力的价格来打动自己的粉丝。而对于知名主播来说，价格同样是一个需要重视的问题。因此直播电商在选品这一方面应该做到价格匹配，优先选择高性价比的产品。

（二）以功能匹配用户画像

直播电商企业做产品决策的时候，一定要做到功能匹配，一方面直播的产品要精准匹配主播的内容标签，另一方面直播的产品要精准匹配直播间的用户画像。

不管是企业直播还是个人直播，都一定要选择和主播标签相同的产品。让一个未婚女孩去卖母婴产品，这明显是不合理的。所以直播间在选择产品的时候一定要考虑自身的定位和用户画像，选择不合适的产品只会浪费时间，甚至影响自己的粉丝黏性。

以主播李某为例，客户愿意为其买单的根本原因也是他的产品满足了大部分客户的根本需求，他了解自己的粉丝群体用户画像，懂得客户喜欢的护肤美妆产品。

案例 4-1

严格而专业的选品

受新冠疫情影响，2020 年不少品牌的线下销售渠道被线上渠道取代。越来越多的电商、直播平台开通直播带货功能，不少新玩家包括企业 CEO 和名人，也纷纷加入直播带货大军。庞大的粉丝群体是主播跟商家议价的最大筹码。而维系粉丝忠诚度的，除了主播的个人魅力外，还有横扫全网的折扣、周到的售后服务和精心选择的高品质产品。

“我们首创了 QC（质检）团队，这个团队是由有食品、生物化学、材料学等专业背景的人员组成的。他们在产品的生产、包装、卖点、运输等方面都有很严格的标准。”主播李某向记者介绍，招商组是选品的第一环节，先做基本的筛选，然后由选品组专业的评审以及公司内比较年轻的大众评审继续筛查。其中，QC（质检）团队会去审查产品是否健康、安全，在资质和卖点上是否有一些“打擦边球”的因素，还会审查包装上的文字、图案等是否合规。

李某用专业这个词定义自己的直播间：“我们直播间更多是要靠严格的选品、丰富的内容支撑起来的，我们要对每一位消费者负责。我认为，主播的直播间都应该以‘专业’为追求，这样才能让直播行业更健康地发展下去。”

二、产品组合策略

产品组合策略是指根据产品线的分析以及市场的变化，调整现有产品结构，从而寻求和保持产品结构最优化的策略。对于直播电商的产品来说，我们要梳理清楚产品的类别，同时做好产品的组合。

（一）产品分类

适合直播的产品众多，可以分为以下几种。

1. 引流款产品

引流款产品就是为店铺吸引流量，引进更多意向客户的产品。这类产品一般主打高性价比，通常是能让一般客户接受的产品，多低价销售。

将产品定位为引流款，就意味着这个产品就是店铺最大的流量来源通路。引流款产品一般是大部分客户能接受的、非小众的产品，而且转化率高，相比于同类目属性环境下的竞争对手，有价格或者其他方面的优势。要精准选择引流款产品，就要做好数据测试，尽量选择转化率高、地域限制较少的产品。

2. 特色款产品

特色款产品是相对于引流款产品而言的差异化的产品，可以让客户感受到产品的不同。这类产品适用于目标客户群体里面某一特定的小众人群。因此，这类产品的突出卖点及特点必须符合这一部分小众人群的心理。企业在推广前同样需要对少量的定向数据进行测试，或者通过预售等方式进行产品调研，以做到供应链的轻量化。

3. 主打款产品

主打款产品也就是常说的爆款产品，高流量、高曝光量、高订单量是它的具体表现。一般情况下，这类产品的价格相对来说不会太高，给店铺带来的利润低。针对这类产品，建议每间店铺设一两件主打款产品。企业在打造爆款的前期阶段应把利润尽量降低，做好不盈利的准备，这样才方便爆款产品的打造。爆款产品的折扣设在 50%以上，爆款后企业应加大市场投放量。

4．利润款产品

利润款产品一般用于锁定特定客户。根据“二八原则”，店铺 80%的利润是由 20%的产品带来的，而利润款产品即这 20%中的一部分。企业应选择有设计感，更为精致，并且可以照顾小部分特定客户的需求的产品为利润款产品。

将产品定位为利润款产品，就是要靠此产品为店铺带来更多的利润和销量。因此这类产品应该在实际营销中占最高比例。利润款产品前期阶段的选款要求比引流款产品将更高。企业在打造利润款产品时，首先要锁定目标人群，精准地分析目标人群的爱好。利润款产品的目标人群应该是某一特定的人群，如高消费群体。企业需要分析适合该群体的款式、产品卖点、设计风格、价位区间等多个方面再作出决定。

（二）产品组合

直播电商企业可以通过不同产品的搭配和产品组合来形成新的产品及分类，打破单一产品缺乏价格调整空间的限制。引流款产品和主打款产品做前端产品进行引流，利润款产品做后端产品进行盈利。引流款产品定位于低价、超值、高频消费，利润款产品定价为高品质、高利润、多卖点，互相搭配才能形成良性的产品组合模式。

【课堂小贴士】

冬天卖棉袄，夏天卖裙子，每一个季节都有相对应的畅销产品。此外，企业应多留意网络热点、网络爆款、网红同款等，有助于企业人员进行采购决策，或者新品开发。

三、转化策略

转化策略是指通过调价、活动等方式提升直播电商从流量到成交的转化策略。

如何提高转化率，使直播用户成为有价值的用户，是众多企业直播时要重点关注的问题。以下为转化中需要关注的内容。

（一）以价格为策划亮点

限时抢购、限时买赠、限时优惠券等方式，或“口令红包券”玩法，在一定程度上可解决转化率低的问题。

例如，当外婆家在做直播时，口碑“口令红包券”是贯穿整个直播的关键环节，在直播过程中每隔 15 分钟就会上一道菜，主播在品尝菜品时，不间断地发出支付宝“口令红包”，如“你别走好口碑”“你别走口碑夜宴”“你别走我们常来”等有寓意的口令红包，让用户在观看直播的过程中不间断地获得福利，同时在输入口令的过程中强化对品牌的记忆。

（二）以互动为策划亮点

除了最基础的直播和短视频流量标识点赞、评论、收藏、转发等，直播间有更多的功能可实现主播和粉丝互动。许多新手主播在做直播时，只知道通过语言和用户聊天，或者发几个表情，很是无趣。其实，直播软件中有很多功能和工具可以用来与用户进行趣味互动，提高用户的参与感，实现“路人转粉”。

（三）以成交为策划亮点

为了提高直播销量，主播可以组织成交福利、成交单号抽奖福利等活动来提高成交量。各大主播也经常通过抽奖的方式为粉丝发放福利。例如，2021 年“双十一”期间，主播贾某在直播间抽粉丝送福利，突发奇想玩个“大”的——挑选 4 个锦鲤送“福包儿”，每个中奖的粉丝都可以获得该场直播的所有商品。

（四）以权益为策划亮点

除了抽奖、送福利，送权益也是直播间常用的提高转化率的手段。更长的退换货时间权益、专属客服服务权益等都是客户容易接受的购物权益。

例如，沃尔玛曾有一个低价保证：我们的价格保证全市最低，否则差价双倍赔偿。它给客户留下的印象是：去超市就去沃尔玛，因为它最便宜。沃尔玛由于有着巨大的客户流量，因此可以保证给客户低价的权益。

在直播电商行业也是如此，招商证券的直播带货报告显示，在淘宝直播的 600 多个 MCN 机构中，20%的头部机构占据了机构大盘 75%的流量和 80%的网站成交金额，直播的马太效应已经非常明显。

头部主播之所以能够拿到低价产品，是因为他们的流量和曝光率高，反过来说也是一样的，企业只愿意把低价产品给那些流量和曝光率高的主播。简单来说，流量造就低价，低价吸引流量。因此，拥有流量和议价能力的主播可以给客户保障低价的权益，从而也会增加粉丝的黏性以及购买忠诚度。

四、提高签收率策略

签收率策略是指通过相关方法提高直播电商产品送到客户手中并成功签收的概率的策略。直播电商可以通过提高快递发货的效率、提高包装质量和效率、注意产品及发货的细节等方面来提高签收率。

（一）提高快递发货的效率

及时响应客户订单，选择稳定高效的快递公司合作，都是提高快递发货效率的方法。产品发货后及时给客户发送短信通知，不仅能减少售后咨询压力，也能在一定程度上提高客户的满意度进而增加客户黏性。

（二）提高包装质量和效率

提高快递发货的包装质量和效率，可避免快件脏、乱、变形。

（1）保证产品品质，客户收到东西时要验货，提高包装质量可保证产品完好。

（2）包装一定要紧实，以避免在运输中出现包装破损、挤压变形等情况。

（3）对于易碎易变形产品，包装上可以粘贴“易碎勿摔”的字样。

（4）在产品里出其不意地放一些小礼品，给予买家小惊喜。

（5）对于部分包装简陋的产品，重新打包美化包装，可以给客户赏心悦目的感觉。

（三）注意产品及发货的细节

（1）做好产品发货前的产品细节处理，如对服装类产品注意线头处理，对食品类产品注意包装的完整性等。

（2）企业及时留意物流追踪细节，并深入了解包裹配送过程，能更快、更准确地回复消费者。退换货时避免拖延，一经核实要尽快换货或退款，不能让客户等待过久。

（3）一旦出现物流纠纷，企业应该及时联系物流商，帮助客户定位延误或丢失的包裹，积极地参与这一过程。

五、直播间暖场策略

主播在进行直播时经常会忽略调节气氛，容易遭遇冷场的尴尬情况，这时候掌握暖场技巧来缓和直播间的氛围就非常重要。以下为具体的暖场技巧。

（一）礼貌问候

主播的动作、表情应丰富、生动一点，当粉丝进入直播间时，主播可以热情一点，笑容真诚。粉丝进来时，看到主播脸上没有笑容，一副谁也无法接近的模样，肯定不会留下来。主播在粉丝进来时对其热情一点，也许他就会留下来，从而使你们的关系更进一步。

（二）拒绝冷场

没话说怎么办？没才艺怎么办？可以聊一聊最新热点，或主播喜欢、擅长的事情，如自己的故事。主播通过和粉丝聊天，也可以拉近与粉丝的距离。

（三）区别对待

不是所有的粉丝都喜欢被叫“亲爱的”，主播应区别对待，可以针对不同的粉丝加入自创元素、昵称。主播在和粉丝慢慢熟悉的过程中，可以了解一下他们的喜好。这样主播才能发现他们最喜欢的称呼究竟是什么。

案例 4-2

自定义独特的粉丝称号

一场直播观看量破 2000 万，涨粉 3 天超过 100 万。某主播又一次刷新了自己的成绩单。2020 年 7 月 25 日，她举办了自己的第三场粉丝节。活动现场，除了放送福利，邀请明星嘉宾，该主播也尝试了唱歌、跳舞，展现更多元化的自己。“我们继续陪伴好不好，一起努力长大好不好……”她直视着镜头，透过屏幕，向小火苗（某粉丝代称）们娓娓道道自己的心声。

直播带货的本质是商业行为，却又远不止商业那么简单。在主播镜头背后，每个粉丝都代表着一份力量，他们或许是职场女性、是奶爸、是背井离乡的打工人，但他们的需求是真实存在的，直播间满足了他们的物质需求，同时和主播的实时互动，也能一定程度满足他们的社交需求。

（资料来源：小榜君三天涨粉破百万，她靠什么迈出破圈的重要一步？百度百家号. 2020 年 7 月 27 日. https://baijiahao.baidu.com/s?id=1673341088177&wfr= spider&for=pc）

（四）音乐

直播间少不了音乐，音乐有着很重要的作用，好的音乐能让大家在主播的直播间多待一会儿。因为来到直播间的粉丝所处的年龄层次不同，所以主播要根据粉丝的情况来决定播放老歌还是播放当下年轻人喜欢的流行歌曲。

总之，直播间的氛围决定主播的粉丝热度，热闹的直播间能吸引更多的粉丝。主播要根据粉丝们的喜好进行直播，使他们活跃起来。

任务三　协调数据资产和团队资产

“直播一哥”李某，背后有几百人的团队，从产品上架到物流、运营、秒杀等，整个卖货环节需要团队协作。因此，直播电商企业要通过数据资产和团队资产的协调运作，达成内部的认识统一，共同为直播电商的运营出力。

一、数据资产

对于企业来说，直播电商价格资源来源于平台累计的数据资产，企业利用数据完成数据反馈，确定产品定价与市场走向；通过大数据建立柔性供应链，提高人货匹配效率。

（一）数据价值

经历了过去三年的快速发展，如今可以明显观察到直播电商相关的产业链正越发成熟。直播与电商的结合是信息流和产品流的高效结合。一方面，上游生产市场的商家，利用 MCN 机构或者直接对接主播在多平台直播，导流到电商平台完成交易。这段链条能够利用直播大大降低信息不对称的程度，加速了信息流、产品流和资金流的流动，实现了效率提高。另一方面，随着底层技术（大数据、云计算、供应链金融等）与中间业态（直播基地、MCN 机构以及 SaaS）的持续迭代，直播电商行业专业化、数字化程度不断提高。上游商家能直接联系用户，形成 C2M 模式，大幅提高快速反应能力，促进供应链再度缩短提效。

此外，直播电商带来了海量消费数据，由于离用户更近，因此其数据价值大幅提高，能够实现精准全面的用户画像，从而反哺上游商家以及支持 MCN 机构生产、选货，实现整个直播电商业态正向循环。

【课堂小贴士】

想要做好直播电商，数据分析工具是必不可少的。从各大平台采集汇总的数据，有助于我们进行决策和运营。

（二）数据反馈

企业通过数据可以打造柔性供应链，同时提高人货匹配的效率。

1．柔性供应链

以服装为例，直播给大量的小微服装厂带来了生机。快捷且转化率高的直播交易方式，使主播长期处于缺货状态。供需两端一拍即合，形成大量“前播后厂”的有趣业态。

头部主播可以轻松满足小型服装厂全年产量供给。淘宝近万名服装类目主播中有数百个签约 MCN 机构，对应 10 万家到 20 万家年产值小于 2 000 万元的小微服装厂。小微服装厂抓住结构变革机会，直接对接前端主播，业务量快速增加，跃升为综合型服装供应链企业，具备打版、设计与组货能力，更柔性也更有效率。

2．算法提高人货匹配效率，数据采集加快反应速度

在传统电商无法触及的前端数据采集上，主播有强烈的意愿与供应链用户共享与主播自身的精准数据，以期达到更高效的人货匹配。匹配算法、群控工具、BI 分析等都会成倍提高单点效率，使企业有可能通过高效选品，快速打造爆款。

这一点在二手奢侈品领域体现得更为显著。复杂的供应链整合需要大量资金支撑，背后的定价体系和鉴定体系是单个主播难以建立的。在定价上，系统根据不同品类，从多个维度实现产品标签化，并通过分析历史交易数据，自动估算出价格范围以供参考，使 C 端用户可以在该范围内进行定价；产品在售时，由于数据实时反馈，系统可以再动态调整售价。

二、团队资产

直播电商企业要重视内部人力资源的合作与运作，一方面要搞好部门协作，同时也要组建专业的直播电商小组，完成专业化的直播运营。

（一）部门协作

除了优秀的主播，运营团队的配合也很重要。直播时，我们需要一位现场导播，以实时控场、安排流程、上架货品并发送链接、处理应急事务；需要一位内容策划，对直播内容进行撰写，使直播生动有趣；需要一位粉丝运营，将直播预告发送出去，并活跃粉丝群，保证直播时会有粉丝来收看；比如其他电商后台配合，现场助理，后续市场传播等，都需要团队来做。总之，直播电商并不是主播单独在镜头前的卖货行为，而是整个团队协作的内容。

1. 供应链支持

直播后，产品销量可能会在短时间内呈现爆发式增长，这就对供应链产能、备货、物流等带来了严格考验。同时，由于价格是电商直播的敏感内容，因此企业与供应链的议价能力也非常关键。有了这些保障，直播团队在前线才更有与粉丝互动的底气。因此，供应链端一定要做好产品、成本和库存等工作的协调和对接。

2. 市场推广支持

直播目前正处于风口且本身就是一场营销活动，除了直播卖货以外，还会实现后续的广告效应。媒体自发性地进行报道和分析，也有利于直播进行二次传播，并为下一场直播预热。因此做好宣传亮点包装、直播活动策划等工作，可以让市场推广事半功倍。

3. 运营执行支持

播前：

（1）做好电商直播执行方案，了解平台直播规则；

（2）统领直播定向推进，开定向会，确定直播排期、人员分工和活动政策等；

（3）跟进主播选品、脚本梳理、产品上下架等；

（4）写好本场直播客服、“水军”话术，提醒人、货到场；

（5）找好“水军”，安排好“水军”互动内容；

（6）负责微信好友、微信群及微信朋友圈的直播前预热宣传、点对点定向邀约。

播中：

（1）发送公众号消息提醒，转发链接；

（2）根据产品变化随时调节灯光亮度；

（3）按要求切换音乐/镜头，提醒主播模特站位（角度、距离）；
（4）及时处理卡顿等突发情况；
（5）直播间互动，发红包，回复相关留言；
（6）在微信上通过新加客户，回复咨询下单问题；
（7）充当“水军”，活跃气氛。

播后：
（1）播后填写场记表，做好数据整理；
（2）每赛段优胜人员的公布和发奖；
（3）组织直播参与人员进行复盘；
（4）微信、微信群及微信朋友圈二次营销、追单。

4. 财务支持

直播电商还需要财务部门进行产品成本的重新核算，因此直播电商需要企业从组织架构层面进行支持。

（二）组建直播电商小组

人力资源部门要从各个部门抽调相应人手组建直播电商项目小组。电商项目小组的各组成部分如下。

1. 星探/招募

直播经纪人：主播的招聘、考核、管理、培训等。

2. 直播部

场控：负责配合直播中控台、优惠发放、产品上架、活动报名等。
主播：进行正常直播、熟悉产品信息、介绍展示产品、粉丝互动、活动介绍、复盘直播内容、品控等。
助理：负责配合直播间所有现场工作等。
辅播：协助主播直播，与主播进行全方位的配合等。
策划：负责主播玩法培训、玩法设计、脚本策划等。

3. 招商部

招商宣传：负责商家合作、产品招商等。
样品管理：负责产品的更新、管理等。

4. 供应链团队

负责直播基地、直播工厂、直播商场、直播品牌的打造及运营等一系列事务（一般比较成熟、规模较大的机构才会配备供应链团队）。

5．运营团队

直播运营：负责各项直播业务的一切运营相关工作。

数据运营：负责直播数据收集、分析数据、优化直播方案等。内容运营：负责直播前后的内容宣传、造势、相关运营等。

项目小结

本项目从理论层面分析了直播电商的策略和运作，那么直播电商如何运营？

第一，直播电商运营要实现企业内部对直播的共识，以产品为代表的供应链要对直播实现赋能，通过供应链的能力让直播间的主播实现“帮助粉丝买产品”，而不是试图通过直播间进行产品的硬性植入和售卖。

第二，企业要明白直播电商的运营目标是将直播间的用户转化成主播的粉丝，为直播间的产品带来更高的销量。

除了选品策略、产品组合策略、转化策略及提高签收率策略等，直播电商企业可通过数据资产和团队资产的协调运作，达成内部的认识统一，共同为直播电商的运营出力。

项目检测

一、单项选择题

1．以下不属于“内容运营”核心环节的是（　　）。

A．选题规划　　B．内容策划

C．放心售后　　D．形式创意

2．直播数据采集不包括以下哪个维度（　　）。

A．推广数据　　B．售后数据

C．直播数据　　D．工作人员数量

3．以下操作不属于引发共鸣的是（　　）。

A．挖掘直播内容的故事属性　　B．以幽默的方式吸引受众

C．与受众建立情感联系　　　　D．戳中受众痛点，引起强烈认同

4．直播活动前期，运营人员准备在社交平台进行预热，应当将内容发布到（　　）。

A．抖音　　　　B．朋友圈

C．豆瓣　　　　D．知乎

二、判断题

1．助理需在直播前介绍待播品的规格、价格等合适清楚，以免出现失误情况。（　　）

2．当直播活动规模小时，预热时间长一些，便于活动期间引爆热度。（　　）

3．直播关闭之后意味着整个直播工作的结束。（　　）

三、思考题

1．如何理解电商运营的实质？

2．如何为直播间的产品带来更高的销量？

3．如何匹配直播间的用户画像？

4．提高直播电商签收率的方法和策略有哪些？

四、案例分析题

“三二一，上链接！”随着直播带货火爆，主播这句口头禅为更多人所熟知。

这几年，随着网络直播带货业态的快速发展，各种乱象层出不穷。比如虚假宣传、退换货难、销售违禁产品、利用“专拍链接”误导消费者、诱导场外交易、滥用极限词、直播内容违法，等等。为什么会出现这些乱象？有没有稳定有效的良方呢？

乱象一：虚假宣传，造假售假

黎女士是珠宝直播间里的一位老顾客。从 2020 年上半年开始，基本上每天都会花费 4～5 个小时观看珠宝直播。一年多来，戒指、项链、翡翠手镯，黎女士都买了不少。但是最近，黎女士却突然产生了怀疑。

黎女士花了 1666 元购买到了商家声称天然翡翠的手镯，并且还配有证书，上面明确写着“翡翠 A 货”，也就是天然翡翠。因为怀疑这只手镯的颜色异样，黎女士将手镯送到了浙江省黄金珠宝饰品质量检验中心进行检测，证明是假的。经检测该手镯为翡翠（处理）手镯，俗称“翡翠 B+C”，漂白充填染色处理手镯。而像这样的现象在珠宝类产品的直播销售中并不少见。

在快节奏的直播销售中，第一是消费者并没有足够的时间比较商品的信息、价格、功能、性价比等等，很容易冲动消费；第二就是维权难，一旦出现纠纷之后，到底该找谁？是

找主播？是找网络直播平台？还是找这个品牌所有者？这些都是难题所在。

乱象二：销售有毒有害食品和违禁商品

2020 年 11 月，公安部门会同市场监管部门针对一起“网红减肥糖果”案件进行统一收网行动，历经 4 省 7 地，共抓获犯罪嫌疑人 25 名。

该违法犯罪团伙通过“网红”主播直播带货，将小作坊生产的，含有违禁成分具有极大副作用的有毒有害食品，包装成“网红爆款”，以惊人的利润卖到了全国 20 多个省市。

直播带货参与的主体非常多元，有平台、直播、消费者、商家等等，各自在交易活动中应当承担的责任难以厘清，同时直播带货的 交易流程，信息传播，都跟传统的电商交易有所不同，这些都给监管或者维权带来新的挑战。

乱象三：水军刷单，数据造假

在网络直播带货的乱象中，不仅是消费者，商家也难逃其害。据某企业渠道负责人介绍，今年以来受疫情影响，他所在的企业大力发展直播带货业务，也尝试和一些主播进行合作，但结果并不理想，退货率居高不下，让他对数据的真实性产生了质疑。

在“直播带货”产业链中，还有一些人专门通过数据造假提供虚假的涨粉、点赞、互动等一条龙服务。粉丝数、评论数、点赞数都可以伪造，让消费者虚实难辨。一个 10 万+粉丝数的直播间，可能真实的观看人数寥寥几人。2020 年 6 月，浙江金华市场监管部门的执法人员就破获了一起数据造假的典型案例。执法人员调查发现，当事人使用软件制作程序制作了专用流量刷单软件，为网络直播用户提供虚增围观人数、评论数、点赞数等服务。

面对网络直播营销行业问题多发的情况，行业发展亟待规范。法律法规陆续出台，监管逐步完善。

从 2019 年 1 月 1 日起，电子商务法就对通过电商进行商品交易活动的行为进行了全面规制。2020 年 11 月 6 日，国家市场监管总局印发《关于加强网络直播营销活动监管的指导意见》，明确了参与网络直播营销活动的各方主体的责任与义务，禁止性的规定，经营活动规范和市场监管部门重点打击的违法行为。

2021 年 3 月 16 日，国家市场监管总局制定出台《网络交易监督管理办法》，自 2021 年 5 月 1 日起施行，新的法规对网络经营主体登记、新业态监管、平台经营者主体责任、消费者权益保护、个人信息保护等重点问题作出了明确规定。包括直播带货视频将至少保存三年，对虚构点击量、刷单等直播数据造假的问题也有了明确要求。2021 年 4 月 23 日，国家网信办等七部门联合发布了《网络直播营销管理办法（试行）》，进一步加强网络直播营销监管。

随着相关法律逐渐完善和严格执行，“社交电商”“直播带货”等行业将朝着健康方向发展。直播带货并非法外之地。立规矩、有规范，行业才能更好发展，更好服务消费。

（资料来源：广州玉商. 焦点访谈曝光珠宝直播内幕《网络直播营销管理办法》已发布. 凤凰新闻，2021 年 4 月 28 日. https://ishare.ifeng.com/c/s/v002qIw--8UqIfwi9DjlS2AcLBecUhWLw0A-_WsDv-_LDDjcyQ__）

项目实训

为了更好地学习直播电商的实质和运营策略，我们将进行下述实训操作。

【实训目标】

1．深入理解直播电商运营的实质；

2．掌握直播电商不同的运营策略；

3．清楚数据资产和团队资产对于直播电商的重要性。

【实训内容】

从抖音、快手、淘宝等直播平台选择一个进行直播活动策划。团队合理分工，根据直播间用户画像制定对应的选品策略，并配合产品组合策略、转化策略、提高签收率策略等分析直播电商产品是否能盈利。

【实训要求】

1．要综合运用各种运营策略；

2．小组人员要合理分配，协作完成任务。

项目五　直播电商的实施

【学习目标】

【知识目标】

1. 了解直播开场的话术以及直播过程中营销互动的方式和技巧；
2. 熟悉直播间粉丝运营技巧。

【技能目标】

1. 掌握腾讯直播、快手直播、抖音直播和淘宝直播的流量区别；
2. 熟悉各直播平台的流量规则；
3. 掌握腾讯直播各平台的开通操作及具体的操作细则；
4. 将所学内容进一步应用于实操，进行实际直播电商操作。

【素质目标】

1. 了解《网络直播营销管理办法（试行）》中的内容，树立守法直播的职业意识；
2. 具备诚信意识，坚守诚信和法律底线。

【导入案例】

快手小店推出全新功能——闪电购

快手是现在较为热门的短视频平台之一，加上新推出的快手小店功能，吸引了越来越多的商家及消费者。2020 年，快手小店推出全新功能——闪电购，有利于消费者快速下单，帮助商家更好卖货。

1. 快手小店的闪电购介绍

闪电购指快手小店提供的便捷的在线下单功能，商家通过在直播中讲解、描述商品，维护商品价格和库存，通过系统自动截图快速新建商品，以供消费者下单。

2. 功能开通

当特定经营类目商家的商品质量、服务水平到达行业内较高水准时，平台邀请其开通闪电购，商家应按照平台要求通过实名认证、资质提交等，确认开通并按要求缴纳相应的保证金。

思考：

1. 快手直播可以直接打通的线上购物入口有哪些？
2. 与淘宝直播相比，快手直播最大的不同点是什么？

随着直播电商的发展，各大电商平台以及短视频平台纷纷进入直播电商领域，主播入场直播电商除了需要根据自身优势选择合适的直播平台，还要熟练掌握直播技巧以及对应平台的规则和操作细则。

任务一　直播技巧

一、了解直播开场的话术和注意事项

（一）直播开场的常见话术

直播开场话术有利于主播在直播开场时迅速调动用户的积极性，起到暖场和点明主题的作用，所以，无论是顶级直播主播还是小白直播主播，都需要掌握一些常用的直播开场话术。这里介绍几种常见的直播开场话术，分别是自我介绍话术、欢迎话术、关注话术。

1．自我介绍话术

自我介绍是在直播开始后主播向用户的介绍。很多第一次进入直播间的用户，可能一开始并不知道主播是做什么的，这时就需要主播在直播开场时第一时间向用户进行自我介绍，介绍的内容主要有主播姓名、直播主题、直播优惠活动等。以下为一些常见的自我介绍话术。

（1）点明直播主题，明确受众群体，提醒关注

示例：欢迎新进的宝宝，我是一名女装主播，会经常为大家推荐一些时尚穿搭技巧和物美价廉的女装。如果你是一位爱美女士，可以给主播点点关注哦。

（2）简单自我介绍，点明直播间的特点，拉近与用户间的距离

示例：直播间的宝宝们大家好，我是第×天开直播，一个人做，没有团队，但是我对我的产品和专业知识非常自信，如果大家在我的直播间稍作停留，我一定能帮到大家，也会有福袋和福利送给大家。

（3）介绍直播产品情况，介绍优惠或折扣力度

示例：嗨，大家好！我是主播心心，欢迎来到我的直播间，今天是“6•18”年中大促销，我为大家带来一款超值产品，今天直播间的朋友可以享受超低直播价哦。

（4）制造直播的稀缺感

示例：嗨，大家好！欢迎来到直播间，今天晚上的直播有超多的惊喜等着你，超高品质的产品都是超低价“秒杀”，机会难得，大家一定不要错过哦。

（5）引导用户互动留言，激发用户的参与感

示例：感谢大家百忙之中来看我的直播，大家今天晚上有没有特别想实现的愿望呢？大家可以在评论区分享哦，万一我一不小心就帮你实现了呢。

（6）简单自我介绍后主要侧重介绍直播活动

示例：大家好，我是×××，欢迎大家来到直播间。本周是元旦专场直播周，今天我为大家带来几款超值产品，大家可以浏览直播间左下方的购物车进行查看。在直播过程中，大家想看哪款产品可以随时给主播留言，我会给大家展示产品细节，有喜欢的产品我会为大家申请超低直播价。

2. 欢迎话术

欢迎话术是指用户进入直播间后主播表示欢迎的话术，其目的是让用户觉得自己有被重视，增加用户的参与感。欢迎话术使用得当，能够提升用户对主播的关注度。以下为一些常见的欢迎话术。

（1）点明用户昵称，让用户有被重视的感觉

示例：欢迎××（昵称）进入直播间，没有关注的宝宝记得关注一下主播哦！主播马上设置优惠券让大家领取。

（2）点明用户昵称，顺便介绍后续的活动

示例：欢迎××（昵称）来到我的直播间，现在我再给大家来个预告，9 块 9 的秒杀于 20 点整点开始哦！

（3）直接说出用户昵称，语气亲和，拉近与用户间的距离

示例：欢迎××（昵称）进入直播间，点关注，不迷路，一言不合刷礼物。

（4）引导用户刷弹幕，提高直播间的活跃度

示例：欢迎各位来到我的直播间，进入直播间的是美女还是帅哥呢？刷刷弹幕让我看到你哦。

（5）专门点出具有特色的用户昵称，增强互动性

示例：欢迎××（昵称）进入直播间，咦，这名字有意思，是有什么故事吗？

引导用户互动留言，激发用户的参与感

示例：欢迎各位来到直播间，大家能听清楚我的声音吗？能听清楚的朋友们可以在评论区里回复“1”。

3. 关注话术

关注话术主要是引导用户在进入直播间后关注直播间的话术，对于直播主播而言，关注度和粉丝量是判断自己这场直播成功与否的重要指标，因此主播在直播过程中需要适当运用一些关注话术，提高自身账号的平台粉丝量。以下为一些常见的关注话术。

（1）点明互动，引导关注

示例：感谢××的关注，还没关注主播的抓紧关注哟，主播每天会给大家带来不同的惊喜哟。

（2）提醒有相应需求的用户点击关注，换位思考，亲和力强

示例：对主播分享的产品或内容感兴趣的宝宝们，可以点点关注，下次主播开播你可以

第一时间找到我，不会错过精彩内容哦。

（3）强调福利，引导关注

示例：刚进直播间的朋友们记得点击左上角的按钮关注直播间哦！我们的直播间会不定期发布各种福利。

（4）强调签到领福利

示例：喜欢某直播间的朋友，记得关注一下直播间哦，连续签到 7 天可以获得一张 20 元优惠券。

（5）强调直播内容的价值

示例：想继续了解服装搭配技巧/美妆技巧的朋友们，可以关注一下主播哦。

（二）直播开场的注意事项

主播在直播开场之前，有一些需要注意的地方，归纳起来主要有以下四点。

1. 主播仪容仪表检查

直播的画面是面向大众的，这就表示主播的状态和仪容仪表需要接受大众的审阅。作为直播主播，面对的人群可能是男女老少都有，来自各行各业，因此，其仪容仪表应该尽可能端庄得体，自然大方。女性主播注意淡妆着面，男性主播注意面容整洁。在直播开场前主播需要对自己的仪容仪表再次进行检查，保证上镜得体。

2. 主播脚本话术检查

在每场直播之前，主播手中都会准备相应的直播脚本，在开播前，主播需要再次核查手中的脚本，确保此次直播的各个流程都能够顺利推进。

3. 直播设备检查

主播在直播间进行直播时需要使用到的设备包括视频摄像头、耳机、话筒、声卡、灯光设备、支架等。在开始直播之前，主播及其工作人员有必要对直播间各个设备的具体情况做最后一次核实和检查，以避免出现因设备故障而发生直播事故。

4. 主播心态调整

作为新手主播，第一次进行直播活动时难免会出现紧张不安的情绪，这时就需要主播对自己的情绪和状态进行有效调整，无论直播前的心态如何，直播开始之后都要迅速进入状态，积极参与互动。

另外，由于直播形式的特殊性，往往在直播过程中很容易出现一些不利于主播的弹幕和发言，因此作为直播主播需要提前做好心理准备，无论在直播过程中发生怎样的情况都要稳住心态，以强大的抗压能力和良好的情绪控制能力将直播进行下去。

（三）直播开场步骤

1. 发布直播预告

在之前的直播预热活动中一般都会对后续的一系列直播进行预告，而在直播开场前主播或运营人员需要再次通过粉丝群、朋友圈以及其他社交媒体平台发布预告，以提醒用户准时前来观看直播。

2. 直播开场前的准备

直播开场前的准备是对直播时所用到的一切事物的进一步确认和核实，包括对本场直播所涉及的软硬件设备的检查与调整，直播人员工作职责的梳理与确认，直播脚本/直播流程的梳理与确认，直播产品、样品的检查以及对主播仪容仪表检查等工作。

3. 直播开场

当正式开始直播时，主播需要通过镜头再次向进入直播间的用户确认话筒音效是否良好，灯光是否到位以及弹幕是否开启，网络是否稳定等。这些内容在直播一开始就确定好能够有效保证后续直播的顺利进行。

4. 开播热场

开播热场是通过开场互动让用户了解本场直播的主题、内容等，使用户对本场直播产生兴趣并停留在直播间。在开播热场时，除了使用自我介绍、欢迎和关注的话术外，主播还可以设置一些活动进行开播热场，比如设置抽奖、发放优惠券等。

案例 5-1

扶农助农直播带货——农产品直播带货话术

学生 A:

大家好，我们的直播又开播了，今天开播前先给粉丝们介绍一个福利，我们的这款产品，今天只要 1.9 元包邮到家，现在开始报名，上方点关注一人给我来扣一个 666 上方点关注有多少人扣到 666 有多少人参与秒的福利，1.9 元包邮到家包邮还给你们包损坏，这是商家贴钱给你们做福利的，每一个都是给你们贴十几元的福利，现在新开播的一个福利就给你们来一波啊，记得啊，新进直播间的宝宝我们把左上方的关注点一点，然后来扣一波 666 现在是报名时间啊，直接去给大家 1.9 元，1.9 元，直接把咱们这样新鲜产品带回家，而且是包邮啊。

学生 B:

对的啊，新来直播间的宝宝们，新开播就是给你们来上一波福利的宝宝们啊，新进来直播间的没有点关注，抓紧时间上方点关注扣 666 来报名，抓紧时间上方点关注。

学生 A:

我给大家来介绍一下我们的产品，第一，纯天然，无添加，农家肥种养，并且我们是现摘现发，顺丰包邮，除偏远地区之外，大部分地区 48 小时之内都能收到货，我们郑重承诺，我们的产品保证新鲜，损坏包赔哦。今天我手上拿到产品，大家所见即所得。

学生 B:

对啊，给新进直播间的宝宝一分钟的报名时间，因为我看到很多新进直播间的宝宝啊，左上方关注点一点，咱们扣三遍 666。今天是 1.9 元的超级福利，宝宝们想要的一定要积极参与哦。关注我们，这次没秒到，今后还会给你们再秒咱们其他产品的好不好，锁定我们直播间让你们福利人手一份好不好。

学生 A:

现在后台帮我统计一下人数，报名成功的宝贝点了关注的让我看一下你们的人数。

学生 C:

我们报名成功的有 500 人，但是点了关注的只有 30 人。

学生 B:

宝宝们，只有 30 个宝贝点关注啊，想要我们福利的快点关注啊，你们报名的越多，我上库存的动力更足，你们点关注的越多，我上的越多啊！

学生 A:

宝贝上架时间到了，现在马上上库存啊，现在点了关注，统一扣一波 666，宝贝链接马上给你们上库存。

学生 B:

对啊，我们扣一波 666 啊，就是准备好了，咱们主播就要给大家上库存了。

学生 A:

宝宝们啊，都准备好没有？准备好了给我扣一波 666；后台，准备好没有？给大家直接上库存，准备好手速，开始。

学生 C:

库存上好了，在我们的一号链接。

学生 B:

对啊，能抢到都是开心的啊，现在抢到的我们给主播打三遍开心啊。

学生 A:

宝宝们抢到没有，拍到宝贝的宝宝们回来给我打三遍开心，抢到的宝宝扣开心。

……

二、了解直播过程中营销互动的方式与技巧

（一）营销互动的作用

在直播过程中，主播需要和用户进行频繁的营销互动，简单来说，营销互动的作用主要有三点，分别是活跃氛围、提高用户参与度和提高直播间吸引力。

1. 活跃氛围

直播间氛围的好坏直接关系着直播间的人气，一个沉闷的、只有主播一人机械式输出的直播间不仅缺乏活力，也无法凝聚粉丝群体。因此，主播在直播过程中需要通过一些营销互动的小方法将直播间氛围带动起来，形成有自我风格和氛围感的直播间。

2. 提高用户参与度

直播形式上的特殊性要求主播在直播过程中需要充分考虑到与用户的互动性。互动性可以通过设计一些营销互动活动来实现，无论是设置抽奖环节还是与粉丝连麦，都能够很好地打破屏幕的隔阂，让镜头前的用户和镜头中的主播实现有效的互动，让用户拥有参与感，从而获得满足感，间接提高用户在直播间的停留时长。

3. 提高直播间吸引力

只有直播间内容丰富有趣，用户才有可能留下来观看。对于现代年轻消费群体来说，日常生活往往被繁忙的工作和学习占据，时间的稀缺性让这批群体更愿意将业余时间分配给对他们而言更具吸引力的事物。因此，直播主播需要通过在直播过程中加入一些营销活动的技巧来提高直播间吸引力。

（二）营销互动的方式和技巧

直播过程中的营销互动方式和技巧有很多，这里主要介绍五种，分别是及时回复用户问题、制造话题引发用户讨论、设置抽奖环节、与粉丝连麦以及及时对用户的赞美和礼物表示感谢。

1. 及时回复用户问题

在直播过程中主播常常会遇到被用户提问的情况，在此过程中直播主播需要注意及时对用户发出的问题进行回复。

（1）要耐心回复已经回答过的问题

由于直播间是一种开放空间，用户可随时进入、随时退出，因此，对于一些疑问可能主

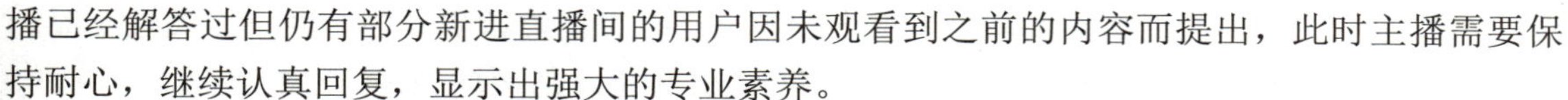

播已经解答过但仍有部分新进直播间的用户因未观看到之前的内容而提出，此时主播需要保持耐心，继续认真回复，显示出强大的专业素养。

（2）直播过程中随时关注用户问题

一场直播的时长可能往往在两个小时以上，在主播不间断地输出产品信息的过程中用户可能会产生各种各样的疑问，作为直播主播需要在直播过程中随时关注屏幕上用户的提问，挑选反馈较多的问题进行统一解答。

（3）随时询问用户是否还有疑问，避免遗漏用户提出的重点问题

整场直播下来主播需要介绍许多款产品，主播在直播过程中由于讲解每款产品的时间有限，在讲解时会为产品特色以及卖点等方面多分配一些时间，一些基础性问题可能就容易被忽略。因此，主播不仅要时刻留意公屏上的问题，也需要随时询问用户是否还存在不了解的情况，以防遗漏重点问题。

2．制造话题引发用户讨论

在一些直播中，主播可以适时根据直播间的氛围和所介绍产品的情况制造一些话题引发用户讨论，这也是活跃直播间氛围、调动用户参与性的巧妙方式之一。

以直播推荐一款零食为例，当主播介绍到一款口味独特的零食时，可以说："这款零食中竟然含有香菜！我知道一些人十分喜欢吃香菜，也有一些人从不吃香菜，那么大家喜不喜欢吃香菜呢？你们喜欢吃香菜或者不喜欢吃香菜的理由是什么？"听到主播这样询问，许多用户就会积极表达他们对香菜的看法，与主播展开互动。

3．设置抽奖环节

直播间抽奖是直播主播常用的互动方法之一，为了保证抽奖效果的最大化，直播间主播抽奖需要遵循三点原则：一是抽奖的奖品最好是在直播间里推荐过的产品，可以是爆品也可以是新品；二是抽奖的频率安排应当均匀，最好分散在直播过程中的各个环节，不要集中抽完；三是主播尽量通过点赞数和弹幕数把控直播抽奖节奏。

抽奖环节的具体设置形式主要有四种，分别是签到抽奖、点赞抽奖、问答抽奖和秒杀抽奖。

（1）签到抽奖

直播主播要想实现良好的转化效果和培养固定用户群体，需要做到每日定时直播。签到抽奖就是指用户通过连续几天在直播间签到、评论，实现打卡，截图发给直播主播获取抽奖资格，从而实现抽奖互动的一种方式。这种抽奖形式有利于提高用户黏性，从习惯上帮助用户关注每天的直播更新。

（2）点赞抽奖

点赞抽奖是根据直播间的点赞数设置抽奖环节，比如可以设置为当直播间点赞数量每增加 2000 进行一次抽奖，这样直播间的点赞数可能就会迅速提高。这种方式的目的是给用户持

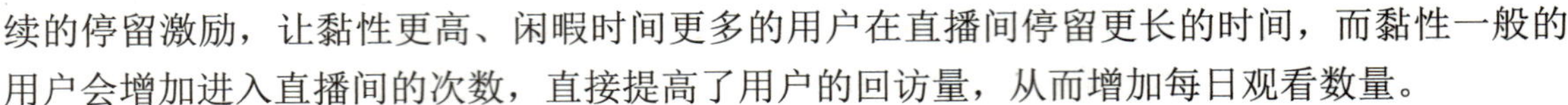

续的停留激励，让黏性更高、闲暇时间更多的用户在直播间停留更长的时间，而黏性一般的用户会增加进入直播间的次数，直接提高了用户的回访量，从而增加每日观看数量。

（3）问答抽奖

问答抽奖是指主播在直播过程中提出问题，让用户在评论区进行回答，主播再从回答正确的用户群体中进行抽奖的形式。为了更好地实现商品推广，主播可以设置有关商品详情页内容的问题，让用户在其中寻找答案进行回答。问答抽奖可以提高产品点击率，用户在寻找答案的过程中会对产品的细节有更深的了解，增加对产品的兴趣进而延长停留时长，提高购买的可能性。

（4）秒杀抽奖

秒杀抽奖分为两种情况：第一种情况是在直播主播剧透产品之后、秒杀开始之前进行抽奖，这种情况下的秒杀抽奖，主播在剧透产品时要做好抽奖提示，这样可以让用户更仔细地了解产品的信息，增加下单数量，同时延长用户的停留时间；第二种情况是秒杀之后、剧透新产品抽奖之前，主播要做好抽奖和新产品介绍切换的节奏把控。

4．与粉丝连麦

直播主播与用户连麦互动，不仅有助于提升直播间的热度、调动直播间的氛围、提高用户的积极性，还能够帮助直播主播塑造具有权威性和专业度的形象，增加直播间用户的活跃度。

直播主播在与用户连麦时需要注意以下几方面的问题。

（1）与用户连麦时间不宜太长

如果直播主播和用户连麦时间太长，就会影响到整场直播的环节安排，因此主播需要有一定的控场能力，尽量将连麦时间控制在不耽误直播流程正常推进的时间范围。

（2）注意与用户的连麦内容

直播主播在直播过程中与连麦嘉宾进行的互动，不是仅在主播和连麦嘉宾两个人之间进行，而且是在直播间的所有用户面前进行。因此，作为直播，主播在连麦前应确定好适合所有用户聆听的连麦主题，并且在连麦过程中占据主动权，当话题发生偏转时应及时将话题引入用户们更感兴趣的方向上来。

（3）优先选择与忠实用户连麦

在直播间中，忠实用户往往是欣赏和支持主播的群体，选择他们一方面展现出主播对于这一用户群体的感谢，另一方面可以保证和主播形成良好、有效的互动。

5．及时对用户的赞美和礼物表示感谢

在直播过程中有一些用户会为了表示对主播的喜欢和支持为主播送鲜花和礼物，这些物品会为直播主播增加人气，而在直播平台中这些鲜花和礼物都需要用户付费充值才能实现赠送。因此，主播在直播过程中应该及时对用户的赞美和礼物表示感谢，体现出主播对于支持用户的重视，从而鼓励更多用户对直播主播表示肯定。

案例 5-2

直播营销互动助英伟达企业实现 2700 万元交易额

2021 年“6·18”大促收官后，抖音电商迅速出炉了业绩快报，根据快报显示，抖音“6·18”好物节在“6·18”期间的直播总时长达 2852 万小时，商家自播总时长 1647 万小时，拥有高达 372 亿的累计看播人次，单场成交额突破千万的直播间个数达到 153 个，老牌硬件厂商英伟达就是其中之一。

英伟达电商团队是如何做到这一点的呢？具体可以分为四点来看。

首先，英伟达电商团队找到优质厂商，并根据对市场上产品热度和销售状况的监控，提供全网最低定价的新品，以保证观看直播的用户需要的利益点，在“抢新品”的 3C 消费节，英伟达甚至对供给的惠普、联想等联合品牌的稀缺货源也都坚持搭配赠品，保证让直播间做到较低的价格。

其次，英伟达考虑到自己进行自播的时间不长，IP 形象树立不够深厚，邀请了“交个朋友”直播间的主播李某、国内著名的笔记本达人“奥拉猪汪”前来助阵，通过适时玩“抖音梗”和对游戏粉的特别内容产出，快速建立自身品牌在抖音电商的知名度。

再次，英伟达团队要求所有厂商都要为 Nfans（英伟达粉丝）准备礼品，同时根据本场直播的特性安排了如雷蛇键盘耳机、暴雪游戏点卡等深受游戏玩家喜欢的礼品，通过这些礼品快速圈粉，增进互动效果，并很好地控制了直播的节奏。

最后，英伟达表示，未来抖音电商是 3C 数码科技行业重要的上新平台，除自播带货外，也有意跟抖音科技达人、直播间展开合作，以及做客伙伴厂商的直播间。

6 月 5 日，英伟达进行第二次抖音电商直播时，全场达成 2700 万元交易额，后来这个数据还在不断被刷新。

（案例来源：子弹财经，https://mp.weixin.qq.com/s/wdhQVK！VJtcl0sG81Hvg5Q）

（三）直播营销活动实施

1. 营造氛围

在营销活动开始之前，需要进行一定的氛围营造，让用户感受到直播间氛围的变化，引发用户的关注和兴趣，让用户注意到活动即将开始，营造紧张气氛。常见的直播间氛围营造方式有改变说话的节奏、播放具有鲜明特色的音乐、加强音量等，也可以突然提醒用户赠送礼物，将整个直播间的节奏带动起来，同时配以适合的话术。例如主播可以说“来来来，前排的宝宝们礼物刷起来！主播马上有一波惊喜福利送给大家哦。”

2. 告知互动内容

当直播间的氛围被炒热，此时主播应当发布活动的内容、奖品以及互动的方式，丰厚

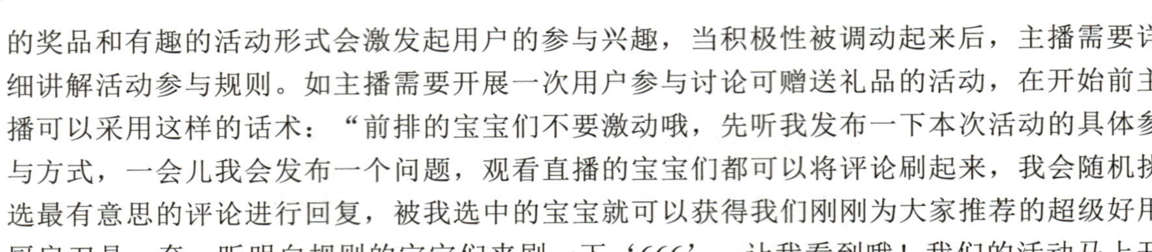

的奖品和有趣的活动形式会激发起用户的参与兴趣，当积极性被调动起来后，主播需要详细讲解活动参与规则。如主播需要开展一次用户参与讨论可赠送礼品的活动，在开始前主播可以采用这样的话术："前排的宝宝们不要激动哦，先听我发布一下本次活动的具体参与方式，一会儿我会发布一个问题，观看直播的宝宝们都可以将评论刷起来，我会随机挑选最有意思的评论进行回复，被我选中的宝宝就可以获得我们刚刚为大家推荐的超级好用厨房刀具一套。听明白规则的宝宝们来刷一下'666'，让我看到哦！我们的活动马上开始了！"

3. 展开互动

当互动内容告知完毕，用户反馈结束后，此时互动活动可以正式开始，随着活动方式的不同，展开的过程也并不完全相同。这里需要注意的是，一旦开展直播营销互动，现场情况可能会比较热烈，因此，助播以及场控人员应辅助直播主播将整个场面把控住，避免出现失控现象。

4. 发布互动结果及下轮互动预告

当互动结束，主播需要告知用户互动结果，对于挑选精彩评论赠送礼品的活动来说，主播需要在挑选时提出自己选中该用户评论的理由及评选标准，以获得直播间其他用户的认可。在互动活动结束后，主播可以对下一次互动活动做一个预告，可以说："感谢各位宝宝们的支持，我们下一波红包会在 8 点半准点发布，请宝宝们不要离开，后续的礼品会更加丰厚哦！"

三、了解直播间粉丝运营技巧

（一）制定粉丝成长体系

粉丝成长体系指的是粉丝成长路径。要想运营好一个直播间，商家需要为直播间的粉丝制定合适的成长机制，让粉丝从与主播的互动中获取成长值，进而提升自己在直播间的等级，获取更多的粉丝权益。粉丝成长体系的制定需要借助直播平台进行。

不同的直播平台其粉丝成长的路径有所区别，以淘宝直播平台为例，其直播平台粉丝主要分为新粉、铁粉、钻粉和挚爱粉四个等级，不同等级的粉丝拥有不同的粉丝权益和专享福利，商家可以根据平台自行进行设置。不同的粉丝互动活动，如关注主播、每日签到、发表评论等，会为粉丝增加其相应分值，粉丝可以通过每天观看直播、与主播进行直播互动以及直播消费的方式实现分数的获取，如图 5-1 所示。粉丝累积到一定的分值，就会产生对应等级的改变，对于淘宝直播平台而言，新粉对应的粉丝分值区间为 0～499，铁粉对应的粉丝分值区间为 500～1499，钻粉对应的粉丝分值区间为 1500～14999，而挚爱粉对应的粉丝分值区间为 15000 及以上，如表 5-1 所示。

亲密度加分项	淘宝分值	淘宝直播APP分值
直播签到	+2分值	+4分值
累计观看4分钟	+4分值	+8分值
累计观看15分钟	+10分值	+20分值
累计观看35分钟	+15分值	+30分值
累计观看60分钟	+20分值	+40分值
关注主播	+10分值（仅限第一次关注）	+20分值（仅限第一次关注）

图 5-1　淘宝直播平台粉丝亲密度行为加分详情页面截图

表 5-1　淘宝直播平台粉丝分值等级

对应等级	分值区间
新粉	0～499
铁粉	500～1499
钻粉	1500～14999
挚爱粉	≥15000

对于直播间粉丝而言，达到一定的粉丝等级，除了能够获取相应的粉丝福利，最直接的改变体现在粉丝灯牌上。粉丝灯牌是粉丝在观看直播、进行评论时会直接出现在粉丝昵称前面的一种提示信息，它是粉丝身份的象征，对于直播间粉丝而言，观看直播不仅是一种消费行为，更是一种娱乐活动，粉丝能够通过粉丝灯牌等级的提高让自己获取成就感，进而更积极与主播进行互动。

制定粉丝成长体系对于商家而言，实际上是需要根据所选择的平台搭建粉丝群体的成长路径，如什么样的互动行为可以增加更多分数、达到多少分数可以实现粉丝升级、不同等级下粉丝的福利以及粉丝灯牌的设置等。

（二）策划粉丝转化活动

粉丝只有在直播间实现了购买活动，才代表真正实现了转化，因此直播间在粉丝运营时还需要考虑如何促使粉丝下单，这里主要介绍以下几种促使粉丝转化的活动技巧。

1．发放优惠券

发放优惠券是很多直播电商主播会选择的一种促单方式。在一些主播的直播间，往往会看到很多用户长时间蹲守，目的是拿到直播间优惠券，以购买比其他渠道更物美价廉的产品。因此，通过发放一些仅直播间粉丝可用的优惠券能够有效实现粉丝流量效益到商业效益的转化，促成下单。

2. 秒杀活动

秒杀活动是指网络卖家发布一些超低价格的产品，所有买家在同一时间网上抢购的一种销售方式。由于产品价格低廉，往往一上架就会被抢购一空，甚至有时只用一秒钟，因此，被称为秒杀。由于秒杀活动既有价格上的优惠性，又有时间上的紧迫性，对于观看直播的用户而言，抱着“买到就是赚到”的心理，很容易在此活动中下单。

3. 发放红包

红包也是直播电商常用的促单工具，它和优惠券有着相似的功能。这里需要注意的是，在直播间发放的红包可以设置为仅购物可用，这样就能够促使用户主动下单购买产品了（表5-2）。

表 5-2　发放红包的步骤

步骤	具体做法	作用
约定时间	提前告诉用户将会在几分钟内准时派发红包，并引导用户邀请朋友进入直播间抢红包	活跃气氛，提升直播间的流量
站外平台抢红包	除了在直播平台上发红包以外，主播还可以在支付宝、微信群、微博等平台向用户发放红包，并提前告知用户，条件是加入粉丝群	向站外平台引流，便于直播结束之后的效果发酵
发放红包	到达约定时间后，主播或助理在平台上发放红包，可以在发放之前增加倒计时环节	增加互动性，倒计时会使用户产生紧张感

（三）建立粉丝维护制度

建立粉丝维护制度的目的是把粉丝留在直播间。一些直播活动往往时间较长，而作为普通消费群体的用户往往是一些平时工作生活较为繁忙的年轻群体，如果不能够建立一定的粉丝维护制度，很容易在直播过程中流失粉丝量，对销售产生影响，这里主要介绍几种直播间中提高粉丝留存率的小技巧。

1. 调整产品顺序

对于整场直播而言，需要主播介绍的产品往往数量较多，对于用户而言，他们所需要的产品仅是特定的几种，如果将热门产品在直播前期一次性全部介绍完，可能会导致用户观看完自身所需产品后就会退出直播间；如果将热门产品一味延后，那么可能会使很多用户没有耐心坚持到最后而选择提前结束观看。因此，比较合适的方式是适当调整产品顺序，最好是每隔几种产品推一款热门产品，这样既可以维持直播间粉丝的留存率，还能控制好直播的节奏。

2. 发布预告

提高粉丝留存率的另一个小技巧是对活动进行预告。比如一些定时秒杀、抽奖活动，作为直播主播可以在直播前期进行预告，这样可以吸引一部分希望获得优惠的用户留在直播间。

3. 创建粉丝群

创建粉丝群是直播主播巩固粉丝群体的惯用手法，一般是为了保证直播结束后关注主播的用户能够留存到私域平台，这样后续主播在直播前就可以通过粉丝群进行预告，保证一定的观看量。同时，可以采用定期举行活动、设置专人管理等方式激发群里粉丝的参与度，避免后续粉丝因群管理不善而流失。

案例 5–3

李某如何为直播间做冷启动？

李某作为顶级主播，本着强大的亲和力和令人惊叹的带货能力沉淀了一批忠实粉丝，李某团队的粉丝运营能力也十分优秀，现以微信粉丝群为例，对其直播间粉丝的运营技巧做简单剖析。

首先，微信粉丝群的引流方式。李某微信粉丝群的引流主要分为两个方式：一是官方公众号，当用户首次关注李某官方公众号，它会自动给用户推送一条消息，邀请用户加入粉丝福利群，通过进群活码工具，分配到不同社群；二是视频号，在微信生态里为公众号进行辅助性导流。对于用户进群而言，主要采用两种方式：如果是 200 人以下的群，直接扫码进入；如果是 200 人以上的群，助理会添加用户为好友，邀请用户进群。

其次，具有良好体验感的进群仪式。当用户进群后，会收到一条欢迎语以及李某本人的语音，欢迎用户进群，并且会有小助理提醒用户将自己在群里的名字备注为“肤质+地区”，这样方便群里具有相似肤质的用户建立聊天话题。

再次，有趣的微信群活动。在李某微信粉丝群中一般有四种群活动可供用户参加，这四种活动的玩法详解会在用户一进群就发送到用户手中：一是群内打卡积分玩法，用户进群后，通过每天坚持打卡、邀请好友进群、转发直播间、群内晒单等都能获得积分，积分有效期为 1 年，每个月会更新积分奖励的商品，所兑换的奖品价格在 40～500 元不等，具有一定诱惑力；二是直播预告、开播提醒与直播间淘口令分享，李某会每天在群里发预告以及直播产品清单，如果说铁粉群里有 20 万人，每天至少会有 5 万人会去直播间观看，通过这样一种方式，间接提高直播的基础权重；三是常用关键词回复引导，用户如果对活动存在疑问，可以在群里发送关键词，这时就能收到小助手自动回复的对应话术，大大减少了解决重复性问题所消耗的时间成本；四是每周定期活动与不定期抽奖福利，这是保持微信群用户黏度的重要手段。

最后，是良好的群氛围。在李某粉丝群里，很少看到工作人员的身影，多是用户自我驱动，很少有工作人员不停聊天、不停带动氛围。但这并不意味着工作人员不参与管理，当群里有人发表不利于直播效果的言论时，管理人员就会通过聊天把场面圆回来，进行舆情管控。

（资料来源：微信公众号——播商小助手，https://mp.weixin.qq.com/s/QNJlJYbFkwPkqQ）

（四）直播间粉丝运营策划

1. 淘宝直播间粉丝等级设置

（1）登录淘宝直播平台

通过搜索引擎搜索淘宝直播官方网站 https://taolive.taobao.com/，在官方首页右上角找到“立即直播”，选择“直播中控台”，进入淘宝账号登录页面。

在淘宝账号登录页面输入账号和密码，然后单击“登录”按钮，进入淘宝直播管理平台，单击左侧导航栏“直播管理”模块下的“粉丝精细运营”，进入“粉丝精细运营”页面。

（2）新人成长礼设置

在“粉丝精细运营”页面中，有两个模块内容，分别是“新人成长礼”和“粉丝灯牌”。“新人成长礼”是一个针对低黏性的新用户设置 7 天限时成长得好礼的玩法，其目的是刺激直播间活跃和粉丝成长。“粉丝灯牌”是粉丝在观看直播、进行评论时会直接出现在粉丝昵称前面的一种提示信息，其可以显示主播为粉丝设置的统一团名。当直播间统一显示主播为其粉丝所制定的专属粉丝灯牌时，能够增强直播间的氛围及粉丝的归属感。这里先进行“新人成长礼”设置（如图 5-2 所示）。

图 5-2　选择“新人成长礼”页面截图

单击粉丝精细运营模块中“新人成长礼”下方的“去设置”按钮（图 5-2），进入“新人成长礼”页面，如图 5-3 所示。

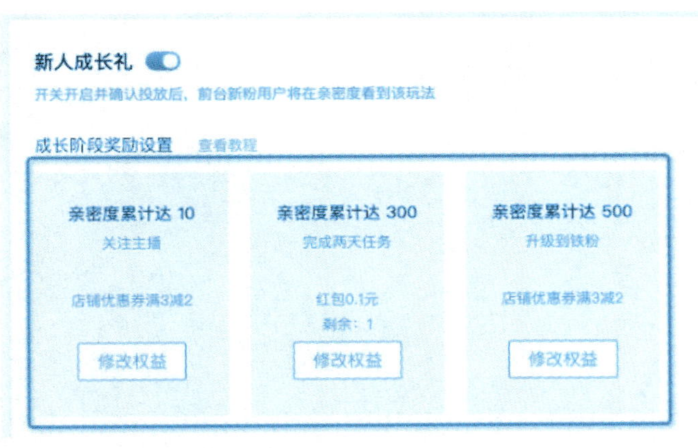

图 5-3 “新人成长礼”页面截图

在“新人成长礼”页面中，有三个成长阶段设置，分别是“亲密度累计达 10 关注主播”、“亲密度累计达 300 完成两天任务”及“亲密度累计达 500 升级到铁粉”，分别在对应的权益设置页面中选择相应优惠券或者权益中心的淘金币和红包，选择完成后点击设置页面下方的“OK”按钮，完成权益设置（如图 5-4 所示）。

图 5-4 “新人成长礼”权益设置页面截图

当三个阶段的成长礼设置完毕后，点击页面下方的“确认投放”（图 5-5），即设置完成。

（3）粉丝灯牌设置

当新人成长礼设置完成后，回到“粉丝精细运营”页面，单击粉丝灯牌下面的“去设置”按钮进行“粉丝灯牌”的设置，如图 5-6 所示。

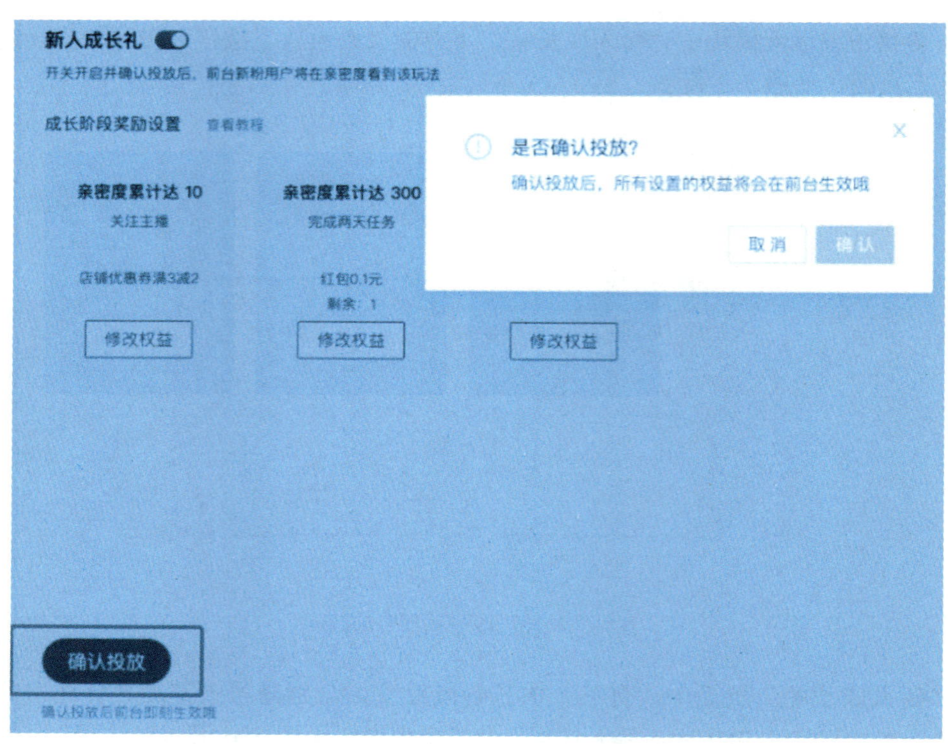

图 5-5 “新人成长礼”投放页面截图

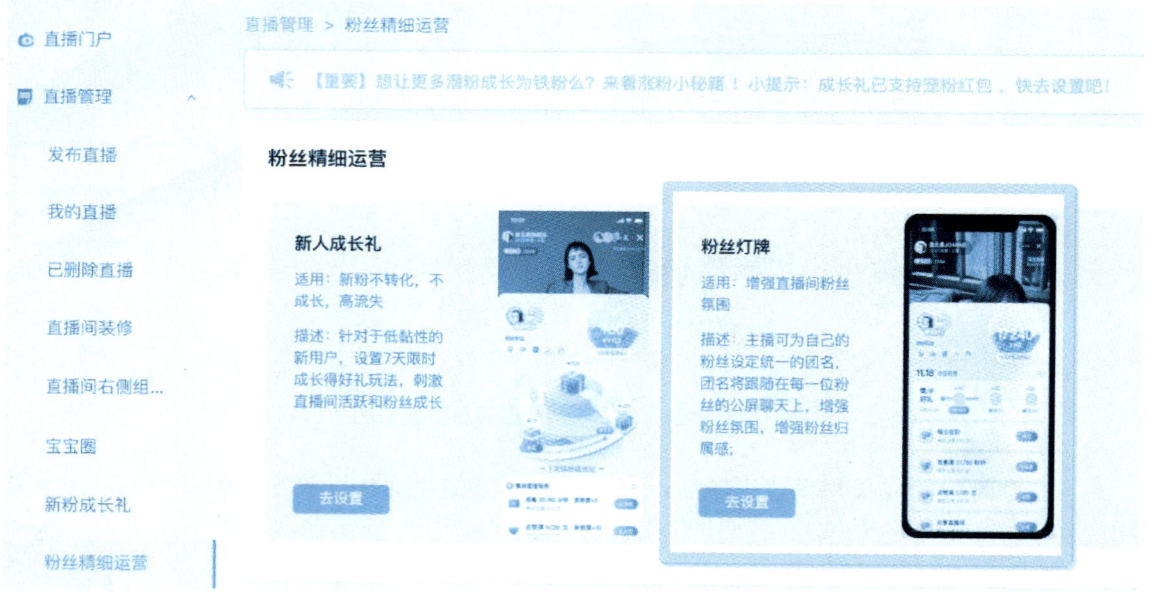

图 5-6 选择“粉丝灯牌”页面截图

“粉丝灯牌”设置页面如图 5-7 所示，这里既可以选择仅设置文案，也可以选择图片进行创作，如果只填写文案可选择页面中的“默认样式（只需填写文案）”，然后在下方输入栏中输入文案，设置完成后点击“保存设置”。

图 5-7 “按粉丝等级上传图片”页面截图

如果选择按粉丝等级设置不同的图片，则点击“按粉丝等级上传图片”，如图 5-8 所示，依次点击空白区域的“+”符号，将不同粉丝等级的图片依次上传，这里注意，每张图片的尺寸为 184×60，大小不超过 1MB，全部上传完成后点击“保存设置”，即可完成“粉丝灯牌”的设置。

通过以上步骤我们即可完成对淘宝直播间粉丝等级的设置。

（五）直播间粉丝运营实施

1．明确目标

在进行直播间粉丝运营策划时，首先需要明确本次直播需要实现的目标，这一点是根据直播脚本进行确定的。不同的直播目标其粉丝运营的目标也各不相同：如果是为了直播间增加粉丝，那么可以将此次粉丝运营的目标设置为实现新增粉丝数量；如果是为了销售产品，那么可以将粉丝运营的目标设置为粉丝最终的下单量或销售金额。

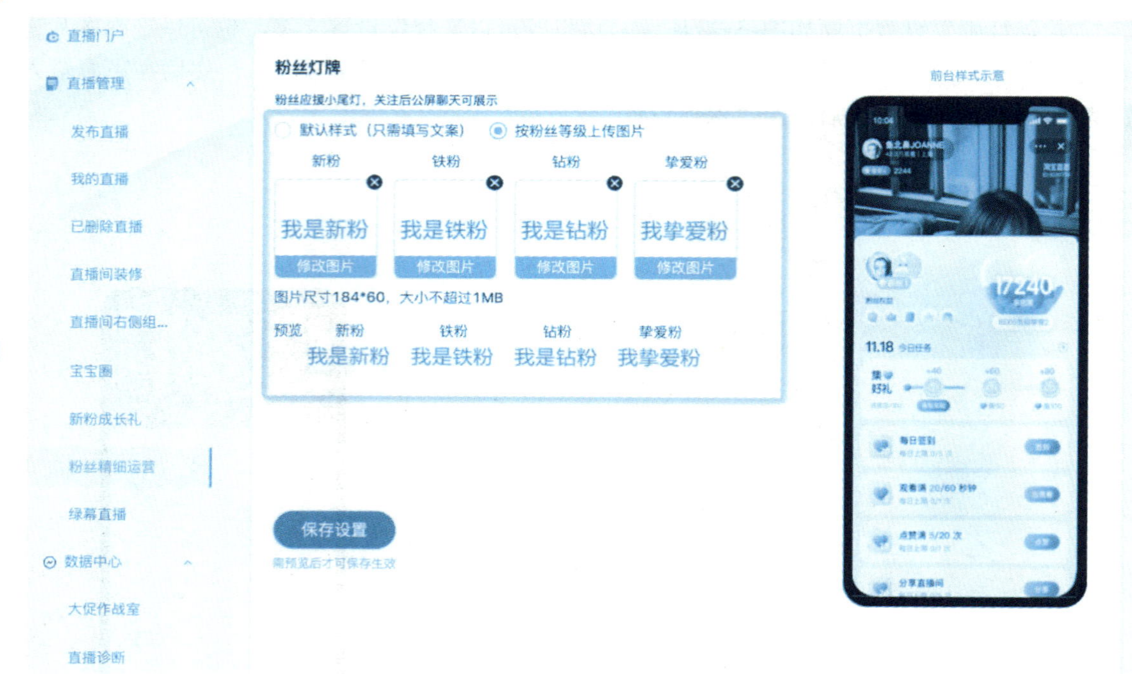

图 5-8 “按粉丝等级上传图片”页面截图

2. 根据直播脚本拆解具体任务目标

当大的任务目标确定下来之后，需要根据直播脚本的环节将大目标依次拆分为详细的小目标，应根据在每一个阶段中直播活动的设置情况，具体分布每个环节所要实现的目标。如开场前 20 分钟，要实现 100 个转粉量；在开场后的 60 分钟，要实现 500 个转粉量；在开场后的 80 分钟，要实现 800 个转粉量；在直播结束前 10 分钟，达到 1000 个转粉量。

3. 确定拉新的方法

拉新即拉新用户，指的是通过各种运营推广方式拉更多的新用户进入直播间。拉新也就意味着涨粉，当直播脚本上各个环节的粉丝运营目标拆解完成之后，为了能够实现各个环节的目标，要给各个环节安排具体的拉新活动。如将直播时间安排在用户集中观看直播的黄金时间、在环节中设置拼团活动等，前者是通过活动的时间调整最大限度地让和直播间契合度最高的用户看到直播，从而实现涨粉，后者是通过以老带新的方式来引入新用户关注直播间。

4. 确定促活的方式

促活是通过一系列活动使直播间的用户活跃起来，一方面是为了营造直播间的火热氛

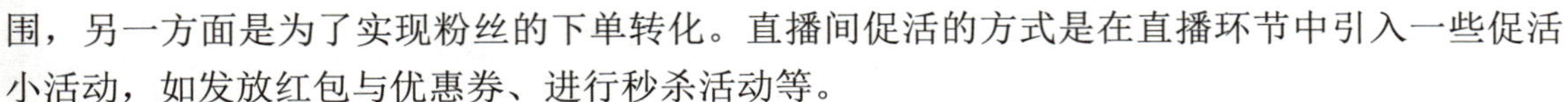

围，另一方面是为了实现粉丝的下单转化。直播间促活的方式是在直播环节中引入一些促活小活动，如发放红包与优惠券、进行秒杀活动等。

5. 确定用户留存的方法

用户留存主要包含了两个方面，一方面是让用户能够长时间停留在直播间里观看直播，而不是仅仅为了参与活动而频繁进出直播间，另一方面是在直播结束后也能够留住用户，形成固定的粉丝群体，增加用户黏性。对于前者除了可以通过提高直播的精彩程度和内容吸引力来实现以外，也可以适当调整产品的介绍顺序来抓取用户的好奇心；而对于后者，可以考虑在直播最后建立粉丝群，定期策划一些粉丝福利活动让粉丝真正固定下来。

任务二　腾讯直播

腾讯直播的平台有微信小程序直播、企业微信直播、看点直播、NOW 直播和其他第三方开发的包括爱逛在内的直播平台。

一、规则说明

腾讯直播最大的价值在于私域流量的开发和持续沉淀，能够实现工具化的社交裂变。

（一）流量规则

（1）腾讯以“看点直播”的工具形式为主，通过现有的个人朋友圈、公众号、微信群和投放腾讯广告（广点通），以“去中心化”的方式由主播自行获取平台流量。

（2）腾讯直播主打私域流量，直播前需要通过公众号推文、朋友圈定向邀约等方式宣传预热。

（3）微信的拉新能力非常强，腾讯直播可以充分利用社群运营的玩法获取流量。

【课堂小贴士】

以腾讯直播为代表的微信体系内的私域直播，凭借直播互动与商品销售的闭环；商家朋友圈、微信群、公众号等多渠道私域引流；微信体系内的公域流量补充私域流量池以及众多裂变玩法等优势，成了直播电商行业盈利的最大增量。

（二）开展方式

腾讯直播目前主要分为以下三种。

（1）微信小程序直播：通过微信小程序的直播插件实现，企业可以在自己的小程序商城中开发相应的直播功能。

（2）企业微信直播：直接在企业微信中发起直播。

（3）其他类型直播：看点直播、NOW 直播和其他第三方开发的包括爱逛在内的直播。

对于企业来说，建议以企业微信直播作为首选工具，原因有三个：一是无须企业二次开发，认证企业微信后即可开始直播；二是相比微信，企业微信具备企业的品牌背书，在经营上具有更大优势；三是企业微信对企业来说，在用户管理上可以实现多级管理，更适合企业经营用户，可以避免用户在员工私人微信号上的流失风险。

二、开通操作

本节选取微信小程序直播进行实操介绍。

（一）开通条件

微信小程序直播目前为公测阶段，符合以下条件的商家，可申请开通微信小程序直播功能。共有 6 个条件，其中条件 1、条件 2、条件 3 必须同时满足，条件 4、条件 5、条件 6 满足其一即可。

条件 1：满足开放的服务类目要求（任选其一）：电商平台、商家自营-百货、初级食用农产品、食品、酒/盐、图书报刊/音像/影视/游戏/动漫、汽车/其他交通工具的配件、服装/鞋/箱包、玩具/母婴用品、家电/数码/手机、美妆/洗护、珠宝/饰品/眼镜/钟表、运动/户外/乐器、办公/文具、鲜花/园艺/工艺品、汽车内搭/外饰、家居/家饰/家纺、机械/电子器件。

条件 2：主体下微信小程序近半年没有严重违规。

条件 3：微信小程序近 90 天内存在支付行为。

条件 4：主体下公众号累计“粉丝”量大于 100。

条件 5：主体下微信小程序连续 7 日活跃用户数大于 100。

条件 6：主体在微信生态内近 1 年广告投放实际消耗金额大于 10000 元。

注意：申请由微信官方进行处理，审核通过后商家即可使用微信小程序直播功能。

（二）开通方法

开通微信小程序直播的前提是有一个微信小程序。

注册：进入微信小程序后台，在“功能”—“直播”中单击“开通”按钮，然后阅读并同意服务条款，开通微信小程序直播功能，如图 5-9 所示。移动端需下载腾讯直播 App，按操作提示注册即可。

图 5-9　微信小程序直播开通入口

创建直播间：开通后，在微信小程序后台的“功能”—“直播”—“直播间管理”中单击“创建直播间”，如图 5-10 所示。

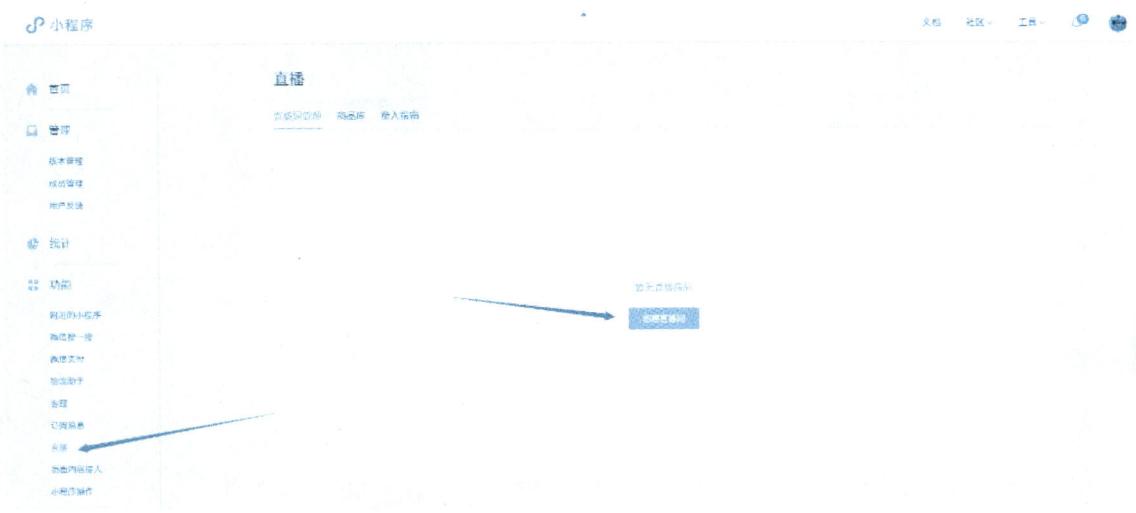

图 5-10　小程序直播间创建指引

如图 5-11 所示，按要求填写直播间资料，包括直播标题、开播时间、主播昵称、主播微信账号、是否允许评论、直播间封面等。

直播标题：必须为 17～30 个汉字（一个字等于两个英文字符或特殊字符）。

开播时间：所选时间范围必须在 12 小时以内；开播时间和结束时间间隔不短于 30 分钟。计划结束时间到时，正在进行的直播不会被强制结束，但若主播仍未开播，该直播间将会过期，无法开播。

主播昵称：必须为 2～15 个汉字（一个字等于两个英文字符或特殊字符）。

主播微信账号：需要与实际开播的主播一致，主播第一次登录开播小程序时将进行实名认证。

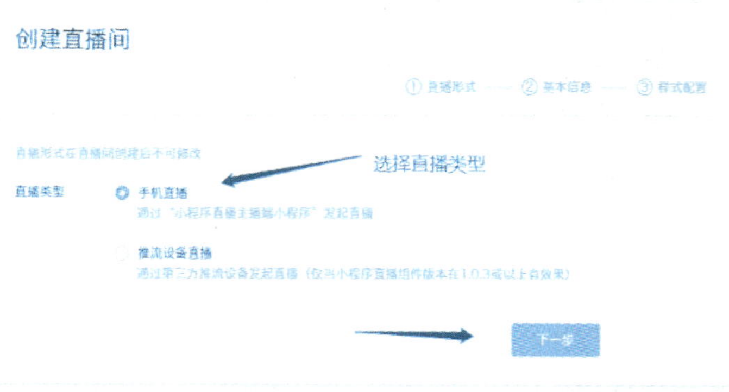

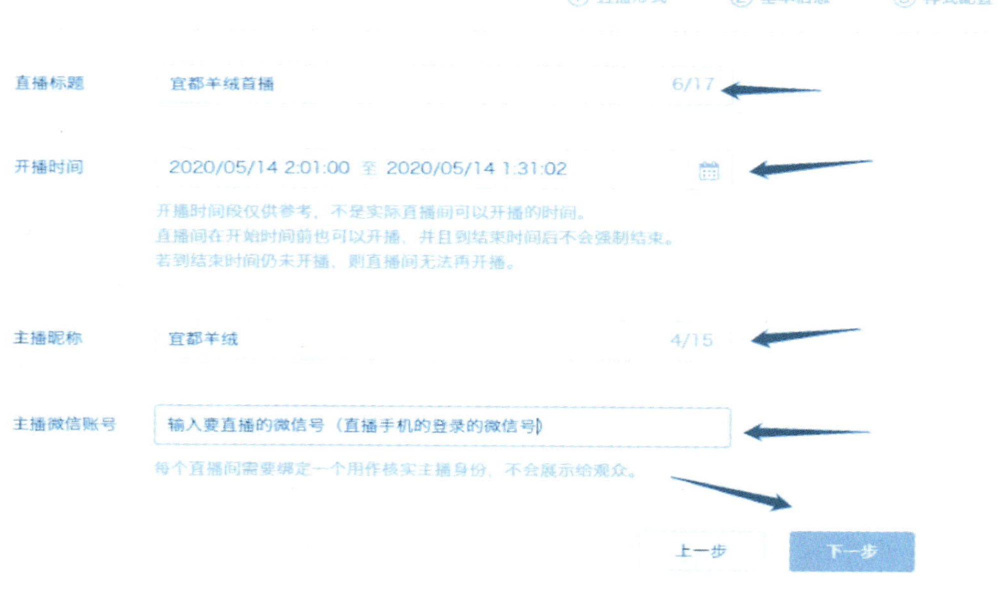

图 5-11　小程序直播间资料填写（1）

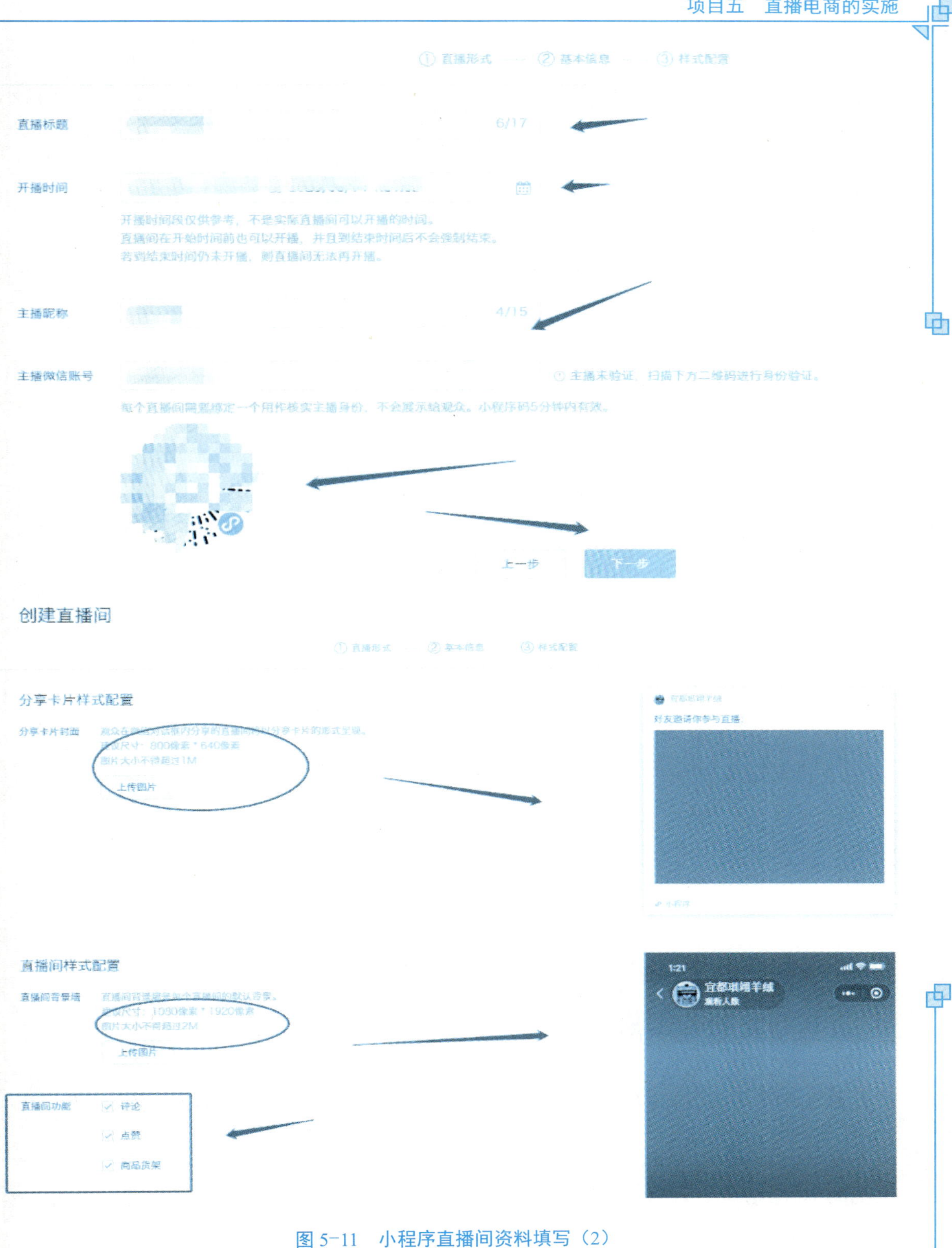

图 5-11　小程序直播间资料填写（2）

注意：①所有选项均为必填项；②填写内容将以左侧预览图的形式展示给用户。

如图 5-12 所示，成功创建直播间后，可以进行分享直播间、添加运营资源、查看推流小程序码操作。

分享直播间：可以获取直播间小程序码，用于微信聊天等渠道分享。

添加运营资源：可在直播间添加商品、抽奖活动等。

查看推流小程序码：主播通过扫码可进入“小程序直播”发起直播。

图 5-12　小程序直播间创建成功后的界面

三、直播带货操作细则

开通直播间后，要准备好相对应的店铺和商品，同时做好直播前的准备与控制工作。

（一）后台添加商品

如图 5-13 所示，在微信小程序后台的“功能”—“直播”—“商品库”中，单击“添加商品”。

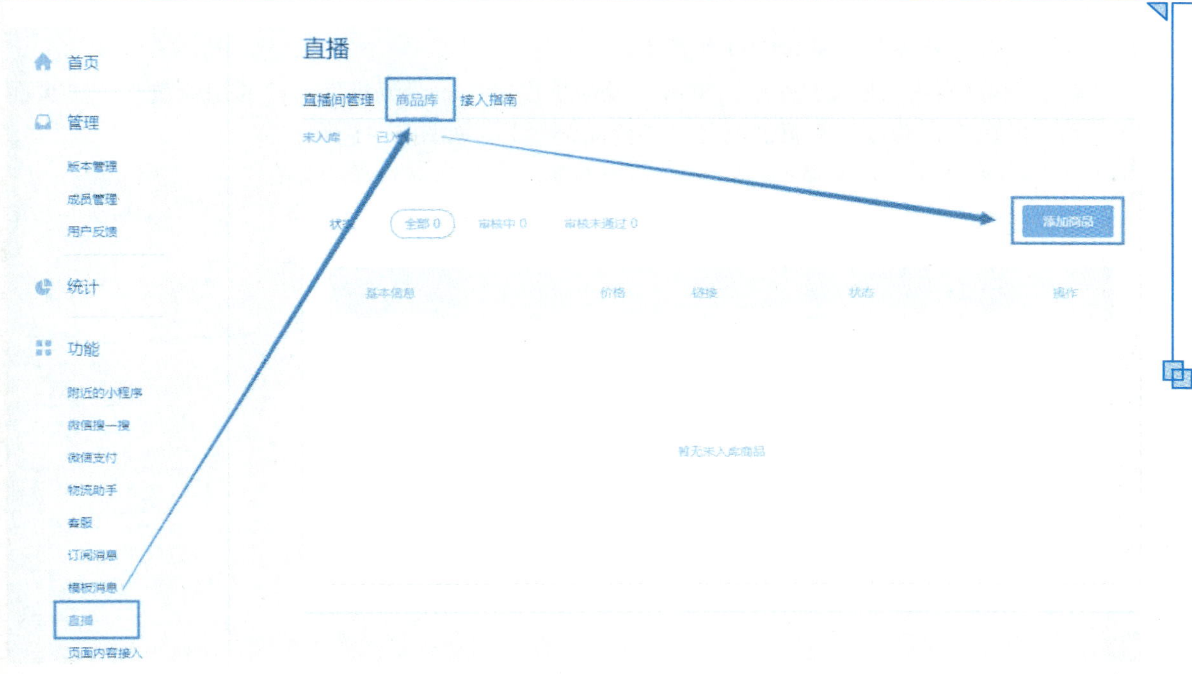

图 5-13　微信小程序直播添加商品入口

注意：商品入库前需经过微信审核，审核时间为 1~7 天。只有已入库的商品才能添加到直播间的商品列表中，建议商家将直播的商品提前录入商品库。

如图 5-14 所示，按要求填写商品信息，包括商品封面、商品名称、价格形式、商品链接。填写完毕后可以扫码预览商品效果，确认无误后可提交微信审核。

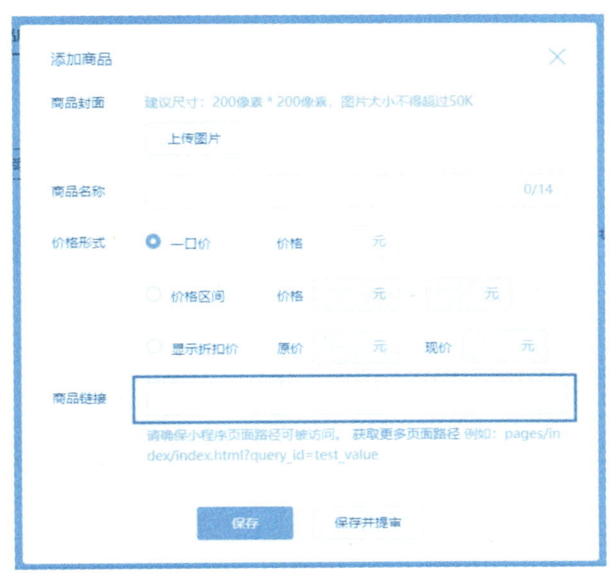

图 5-14　填写商品信息界面

注意：每天最多提交审核 500 件商品。

获取商品链接：进入小程序，单击“设计小程序”—“流量”—“通用流量”—“页面路径和二维码”，获取服务页面路径（即商品链接），如图 5-15 所示。

图 5-15　获取商品链接

进入微信小程序后台，单击“功能”—“直播”—“商品库”—“已入库”，查看审核通过的商品，此页面支持预览商品、修改价格、删除商品，如图 5-16 所示。

注意：已入库的商品上限为 2000 件。

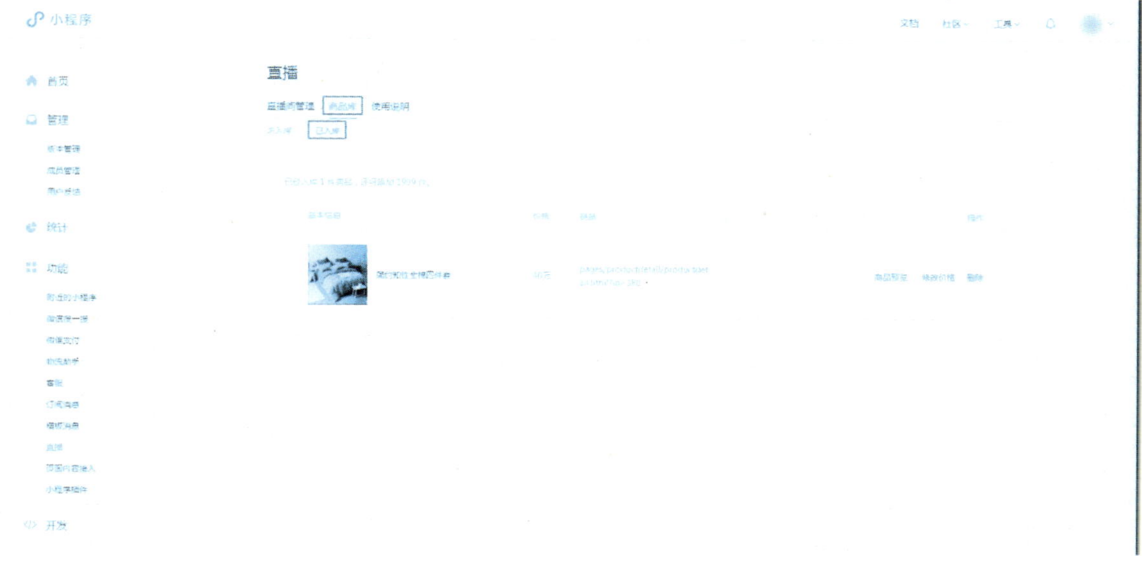

图 5-16　商品审核通过后的展示页面

（二）商品导入直播间

如图 5-17 所示，进入微信小程序后台，单击“功能”—“直播”—“直播间管理”，单击“运营”按钮，在“商品管理”选项下，可从商品库中将商品导入直播间。

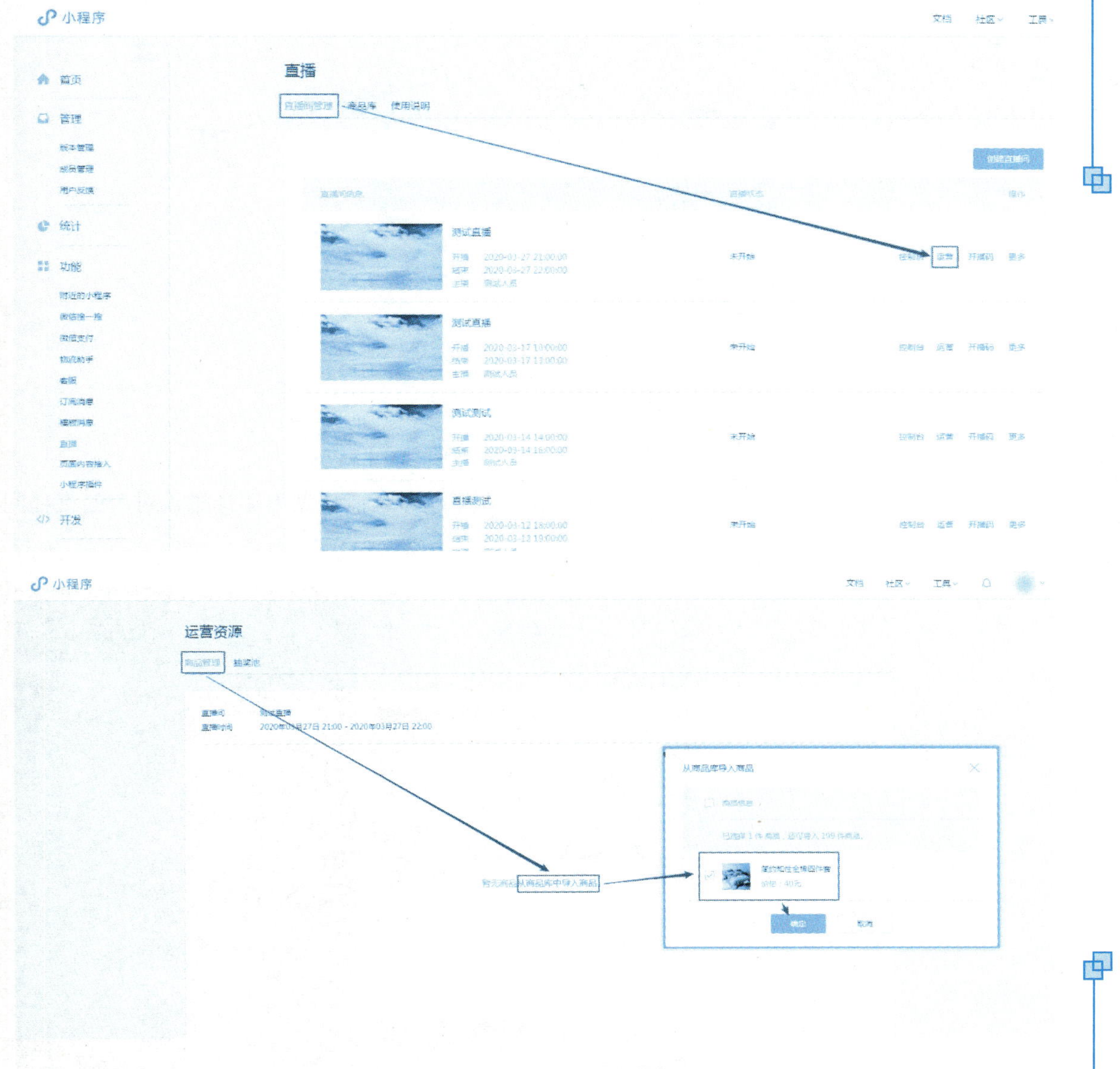

图 5-17　导入商品到直播间流程

注意：直播间商品上限为 200 件。

（三）主播开播

方法一：如图 5-18 所示，进入微信小程序后台，单击“功能”—“直播”—“直播间管理”，扫描直播间的开播码，即可进入对应的直播间发起直播。

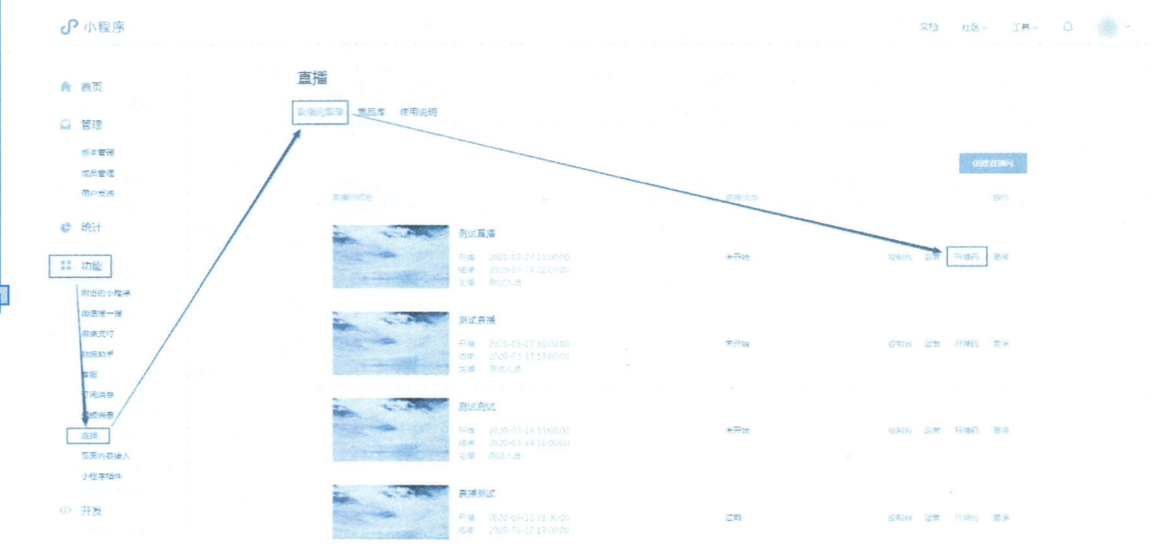

图 5-18 小程序直播 PC 端开播入口

方法二：如图 5-19 所示，打开主播移动端小程序，在直播计划中选择进入对应的直播间发起直播。

图 5-19 微信小程序直播移动端开播入口

（四）直播前准备

如图 5-20 美颜、美白、镜像等操作。调试完毕单击“确认开始”按钮，进行直播。

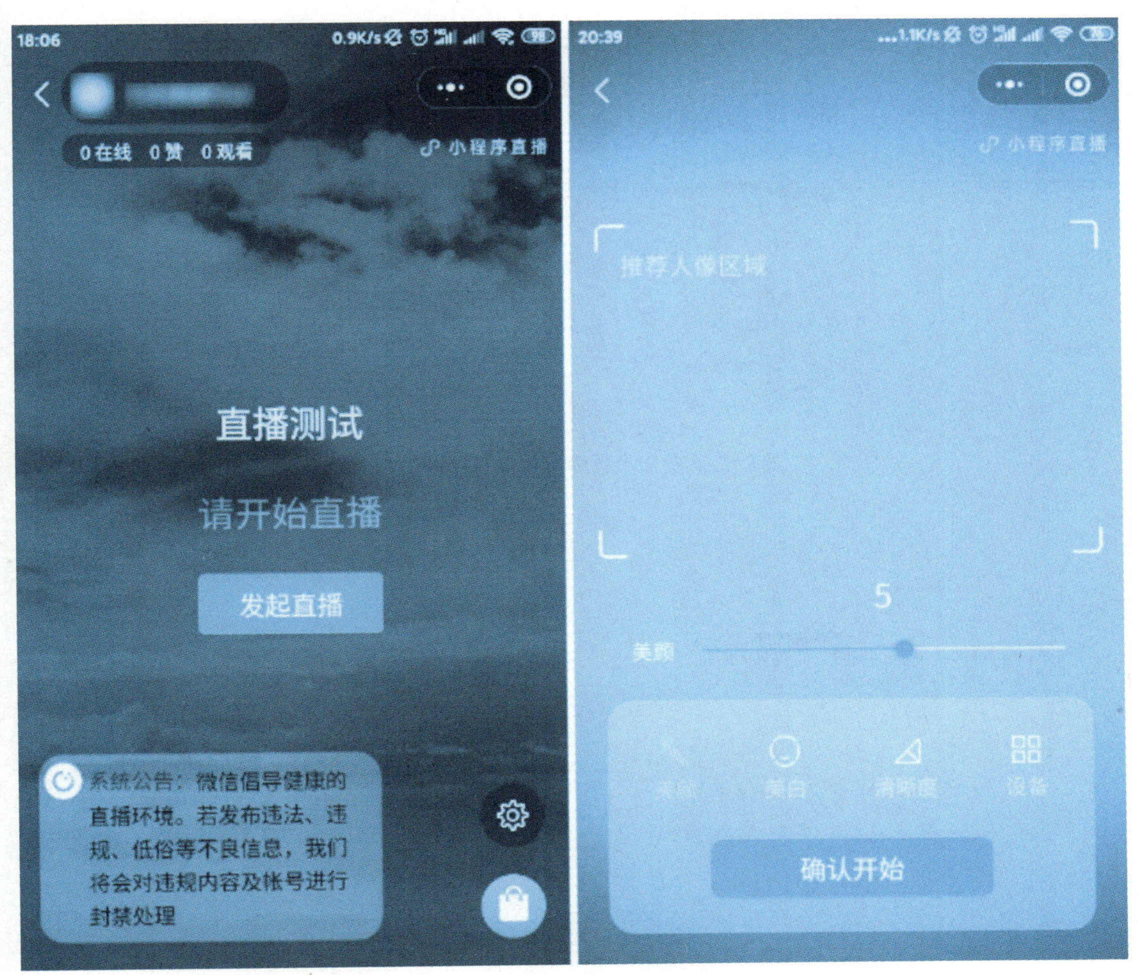

图 5-20　小程序直播开播调试

（五）直播控制

如图 5-21 所示，进入微信小程序后台，单击“功能”—“直播”—“直播间管理”，单击直播间的控制台可进入直播控制台页面。

1. 直播设置

如图 5-22 所示，在页面右上角的“直播设置”中，可进行关闭评论、暂停直播、停止直播操作。

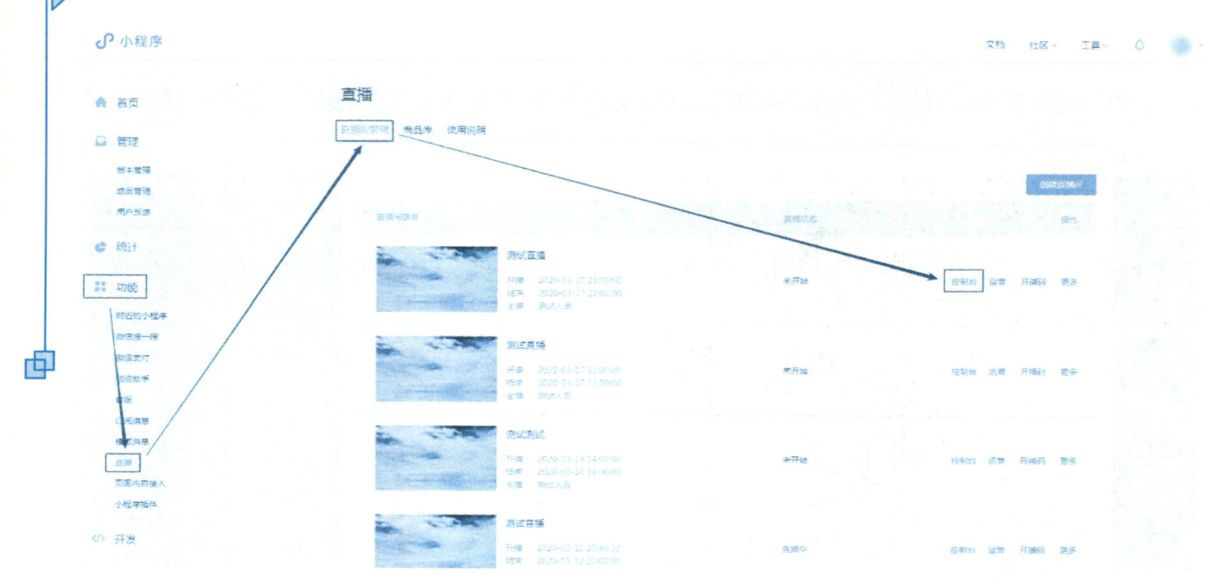

图 5-21　微信小程序直播的直播间控制台

图 5-22　小程序直播设置及数据看板页面

关闭评论：关闭观众评论功能。

暂停直播：中止直播，最多可暂停 15 分钟，超过 15 分钟，直播将被强制结束。

停止直播：直接结束当场直播，不可续播。

2．数据看板

在图 5-22 页面左下角的“数据面板”中可以查看当场直播的观看数据等。

3. 推送商品

在“推送控制”—“商品”中单击“推送”按钮，此时商品将在直播间内推送展示，如图 5-23 所示。观众单击商品，可直达商品详情页进行购买。

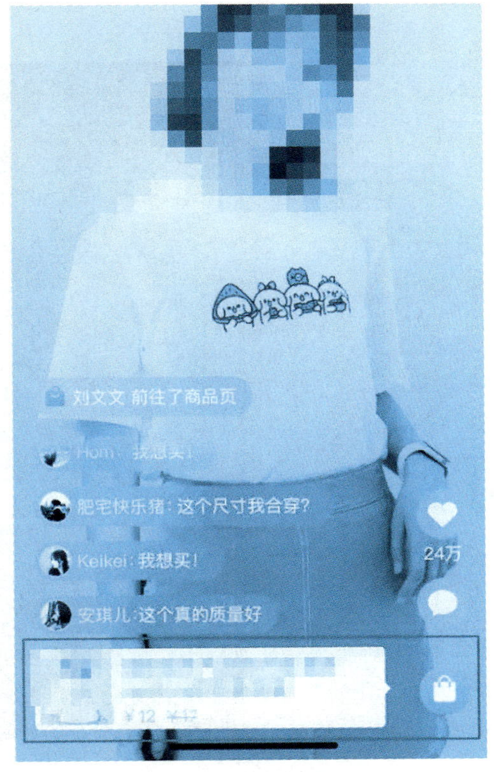

图 5-23　小程序直播商品推送入口及展示位置

4. 推送抽奖

如图 5-24 所示，在“推送控制”—“抽奖”中，单击“推送到主播”按钮后，主播端小程序将出现抽奖标志，单击抽奖标志后可发起抽奖。

图 5-24 微信小程序直播抽奖推送设置流程

如图 5-25 所示，观众单击左上角的“抽奖礼盒”可浏览活动情况；观众可通过评论或点赞的方式参与抽奖；中奖观众可获得为数不多的兑奖码，凭借兑奖码进行奖品兑换。

图 5-25　微信小程序直播用户参与抽奖及兑奖的流程

任务三　快手直播

快手直播最大的价值在于提高用户的黏性，因此，在与达人合作过程中用户会因为达人的推荐而关注企业的直播间，从而为直播间带来流量。

一、规则说明

快手直播优先基于用户社交关注和兴趣来调控流量分发，主打“关注页”推荐内容。快

手的弱运营管控直接链接内容创作者与粉丝，加强双方黏性，沉淀私域流量，诞生了信任度较高的“老铁关系”。

（一）流量规则

（1）该平台限制每天的关注数是 20 人，并且，当累计关注数到达 1500 后就不能再添加了。

（2）该平台优先基于用户社交关注和兴趣来调控流量分发，主打“关注页”推荐内容。

（3）持续的优质内容输出是快手直播获得流量的保证。

（二）开展方式

快手直播目前可以通过以下方式展开。

（1）与达人合作：找到快手直播的头部主播，通过打赏的方式进行“连麦”，直接从其他头部主播那里获得观看企业直播的用户。

（2）发布内容：通过对主播的人设打造，制作短视频内容，通过发布内容获得平台推荐的流量。

从投入上看，投入一定的成本预算是在快手直播获得流量的关键，流量获得形式有：达人挂榜连麦、平台推广投放、打赏引流（穿云箭）及其他直播间互动引流（评论、打赏等）。

二、开通操作

本节介绍快手直播的开通条件及开通方法。

（一）开通条件

（1）观看快手视频时长达标：需要连续观看快手视频 7 天，每天至少一分钟。

（2）发布公开作品至少一个。

（3）满 18 周岁。

（4）实名认证。

（二）开通方法

（1）打开快手 App，更新到最新版本。如图 4-26 所示，通过手机号登录、微信登录或 QQ 登录。

（2）单击左上角的三条横线，如图 5-27 所示。

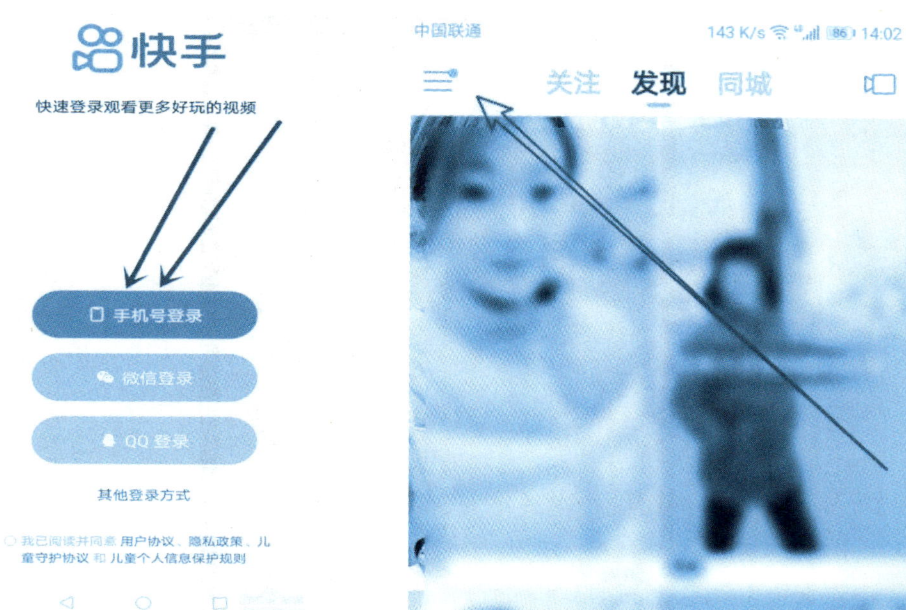

图 5-26　快手 App 登录界面　　　　图 5-27　快手直播入口

（3）如图 5-28 所示，单击“设置”选项，选择开通直播。

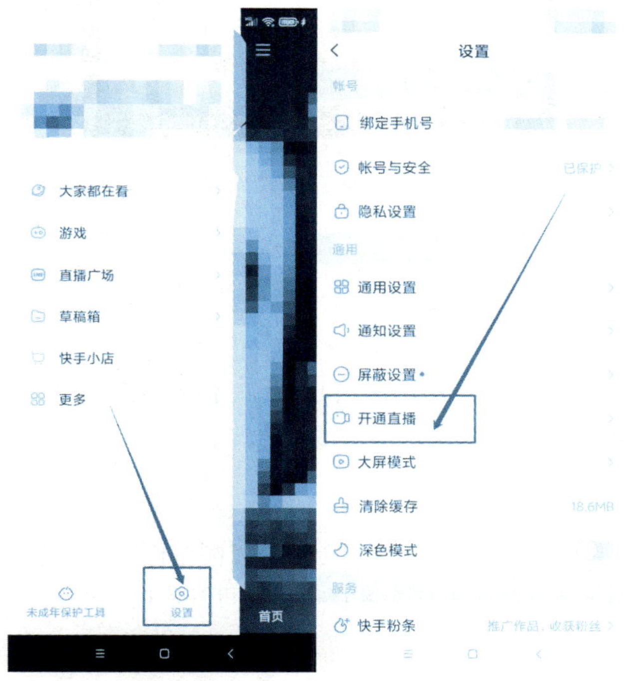

图 5-28　快手直播入口及设置方式

（4）如图 5-29 所示，进行实名认证，开通直播权限。

图 5-29　快手直播权限申请

三、直播带货操作细则

开通快手直播间后，大家需要增加商店和商品，完成后续直播带货的操作，快手小店可以满足快手直播的商品需求。

（一）开通快手小店

如图 5-30 所示，单击快手 App 主页左上角的“侧边栏”—“更多”—“小店订单”，单击“我要开店”，根据界面提示完成实名认证后即可开启快手小店。

（二）上架快手商品

开通快手小店后，可在快手小店（卖家端）页面单击“0 元开通”，根据界面提示填写好信息后即可上架快手商品，如图 5-31 所示。

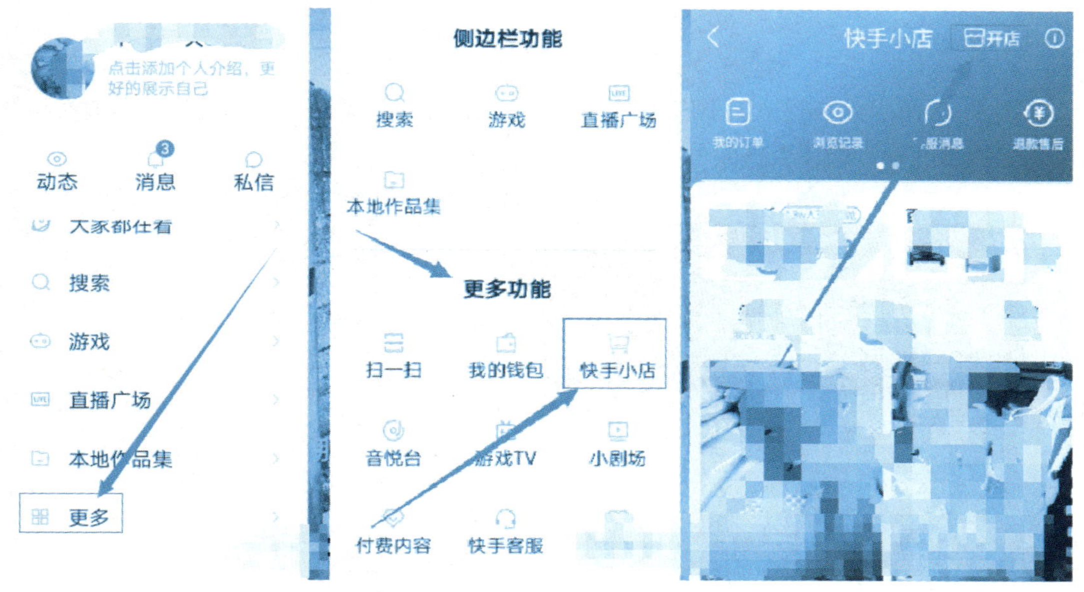

图 5-30　快手小店开通流程

图 5-31　快手小店商品上传功能开通方式

（三）上传商品

1. 上传快手商品

如图 5-32 所示，打开快手小店（卖家端）页面，在“快手商品”下选择“添加商品”，按照提示填写内容，提交审核即可。

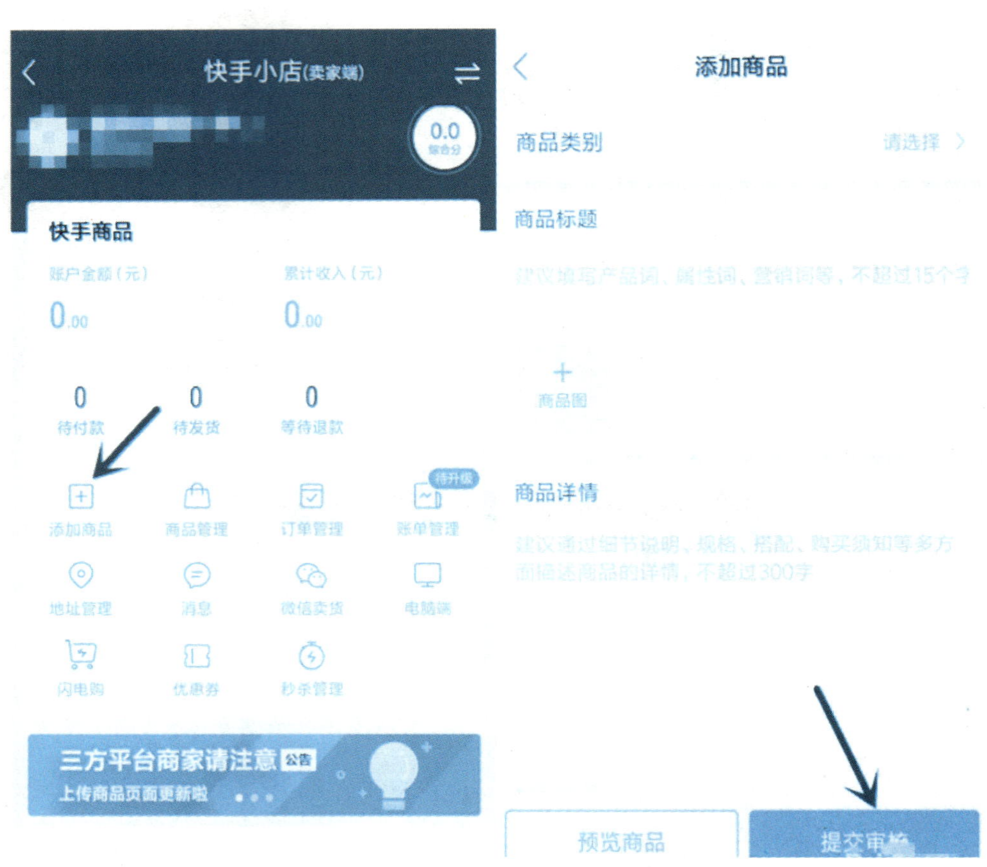

图 5-32　快手小店商品上传流程

2. 上传其他平台商品（淘宝或京东店铺）

如图 5-33 所示，打开快手小店（卖家端）页面，在“其他平台商品”下选择“添加商品”，复制商品链接或口令后提交审核即可。

（四）商品导入直播间

（1）如图 5-34 所示，在快手 App 首页单击右下角的“拍摄”按钮，进入直播页面。

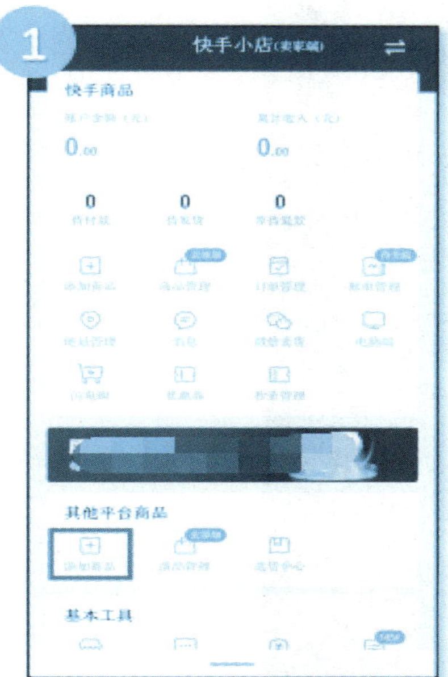

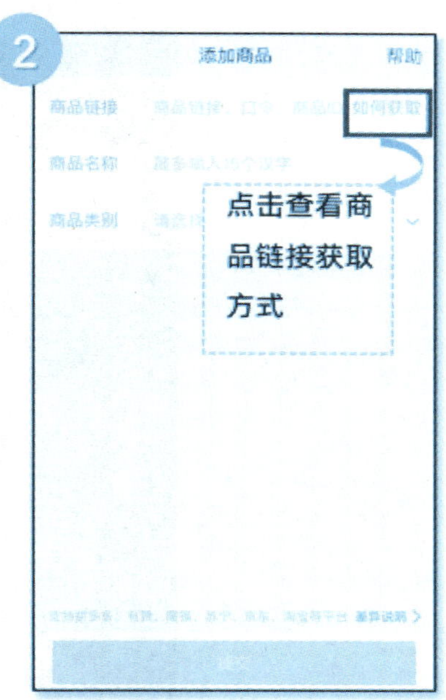

图 5-33　上传其他平台商品（淘宝或京东店铺）流程

图 5-34　快手直播间开播入口

（2）如图 5-35 所示，勾选“本场直播我要卖货”，然后再单击“开始直播”。

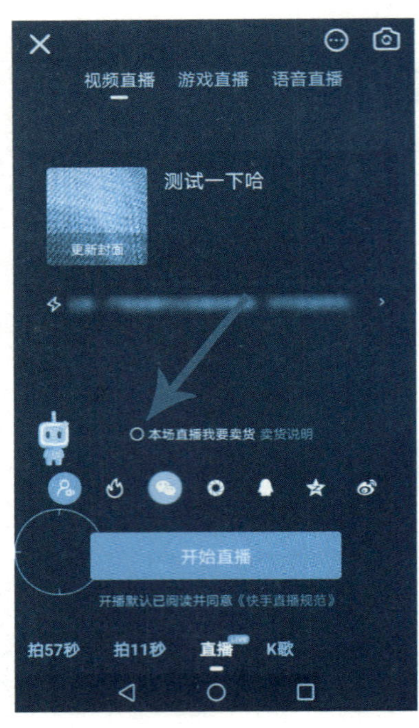

图 5-35　快手直播带货进入方式

（3）如图 5-36 所示，单击“更多”按钮，勾选要售卖的商品，然后再单击“确定”按钮即可。

图 5-36　快手直播带货商品选择

（4）或单击“售卖商品”，在直播的时候加入售卖商品，如图 5-37 所示。

图 5-37　快手直播途中加入售卖商品

（5）如图 5-38 所示，选择本场要售卖的商品，与直播关联即可。

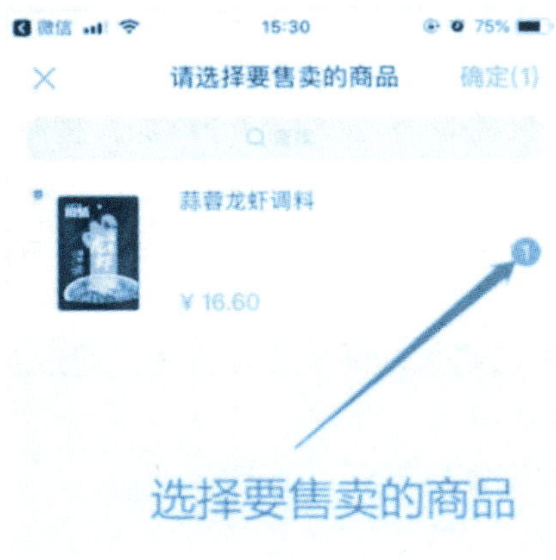

图 5-38　快手直播关联商品方式

任务四　抖音直播

抖音作为国内活跃用户最多的短视频平台，用户发布的内容只有符合平台的喜好，能引起平台观众的共鸣，才会有流量。

一、规则说明

抖音的重算法轻“粉丝”的流量逻辑来自今日头条的成功，作为区别于搜索和社交的信息推荐模型，将内容和用户进行匹配，通过系统进行精准推荐是这个算法的核心。

（一）流量规则

（1）抖音直播开通后，系统会分配一个初始流量池，推荐有 300 人次左右的播放量。系统通过算法给符合要求的视频更多的曝光机会。

（2）新人主播的主要流量来自附近的人以及视频推荐。

（3）直播前一个小时发布视频，视频如果上了热门，就会有不断的流量进入直播间。同时，视频处于热门的时间，也是非常好的开播时间。

（二）开展方式

抖音短视频的内容能力是企业能否做好抖音直播的首要因素。抖音直播的流量获取策略如下。

（1）直播预告：昵称添加直播时间、个人简介添加直播时间、制作与直播预告相应的短视频。

（2）直播引流：定时发布与直播相关的短视频内容，在直播过程中同步更新，用短视频给直播间引流。

（3）达人连麦 PK：通过抖音提供的随机连麦方式，通过互动相互引流。

（4）打赏引流：道具“传送门”。

（5）热门直播间引流：打赏或评论等。

二、开通操作

本节主要介绍抖音直播的开通条件及其开通操作流程。

（一）开通条件

（1）开抖音号。

（2）实名认证。

（3）企业直播需要认证蓝 V 企业号。

（二）开通方法

（1）先将抖音升级至最新版，如图 5-39 所示，进入抖音 App，单击首页下方的“+”按钮。

图 5-39　抖音直播开通入口

（2）如图 5-40 所示，进入拍摄页面后将拍摄模式切换至直播，然后单击“开始视频直播”即可。

（3）如需要开启游戏直播，将开播页面上方的开播模式切换为“PC 游戏”，按步骤开播即可，如图 5-41 所示。

图 5-40　抖音直播进入方式

图 5-41　抖音直播切换游戏直播模式

三、直播带货操作细则

抖音直播的商品店铺支持抖音小店及淘宝、京东等联盟平台。

（一）开通商品分享功能

申请方式：如图 5-42 所示，登录抖音 App，单击界面右下角的“我”，然后在出现的界面中单击右上角的“更多”，在下拉选项中单击“创作者服务中心”，进入创作者服务中心页面，单击界面中间的“商品橱窗”，弹出“商品橱窗”对话框，单击界面中的“开通小店”，接着单击“立即入驻”按钮，最后根据界面提示提交资料开通抖店，分享优质好物即可。

申请要求：实名认证，个人视频数（公开且审核通过）≥10，账号“粉丝”量≥1000。

图 5-42　抖音直播开通商品分享方式

（二）选择商品分享来源

1. 抖音小店商品

抖音小店入驻条件：绑定抖音账号，账号“粉丝”数≥30。

流程如下。

（1）商家登录账号；

（2）试用店铺；

（3）商家选择店铺类型；

（4）商家填写主体信息；

（5）商家填写店铺信息；

（6）商家签署合同；

（7）平台审核信息；

（8）打款互验；

（9）商家缴纳保证金。

2. 各联盟平台

淘宝、天猫、京东、考拉、唯品会、苏宁等。

（三）开播前添加商品

1. 开播前将商品添加进“商品橱窗”

流程如下。

（1）单击“商品橱窗”；

（2）单击“商品橱窗管理”；

（3）单击“添加商品”；

（4）选择不同渠道的商品；

（5）单击“加橱窗”；

（6）填写商品标题、分类，完成编辑，如图 5-43 所示。

注意：分享的商品需要提前添加到“商品橱窗”，直播时只能添加商品橱窗中的商品。

2. 直播时从“商品橱窗”中选品（直播选品如图 5-44 所示）

流程如下。

（1）在直播间单击“商品”；

（2）选择直播商品；

（3）开始视频直播；

（4）选择购物袋。

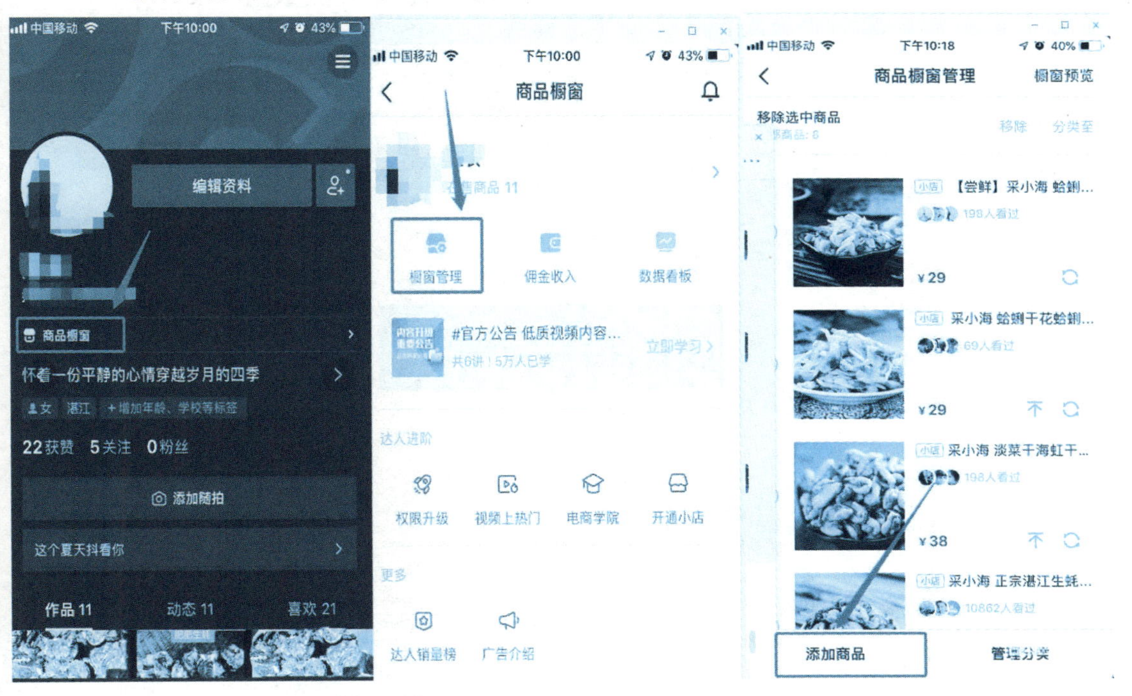

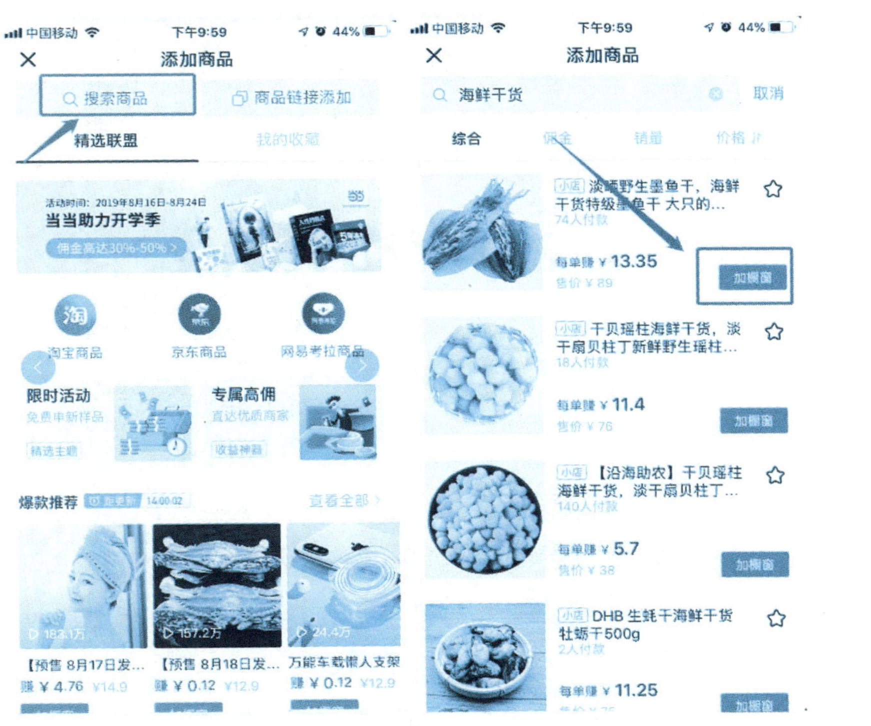

图 5-43　抖音直播添加商品进商品橱窗流程

图 5-44　抖音直播从商品橱窗中选品流程

（四）发放小店优惠券（见图 5-45）

流程如下。

（1）进入“购物袋”绑券；

（2）输入优惠券号绑定；

（3）发券；

（4）用户领取优惠券。

图 5-45　抖音直播发放小店优惠券流程

任务五 淘宝直播

淘宝直播同时拥有私域流量和公域流量，是典型的混合域直播方式，流量的来源一方面是电商店铺原来的“粉丝”，另一方面是淘宝直播根据直播间权重推荐的流量。

一、规则说明

相比其他直播平台而言，淘宝直播是以货为中心的直播形式，用户在淘宝直播更类似“逛街”的感觉，购物目的相对明确。这就决定了企业要想做好淘宝直播，要有较好的电商运营能力，需要具备产品好、易展示（类似买家秀）和快转化的条件。

（一）流量规则

（1）淘宝平台上 90%以上的直播都是商家自播，而不是达人直播。

（2）对于没有粉丝的商家来说，浮现权是必须要去开通的。只有开通了浮现权，直播才有机会展示在淘宝的直播频道。浮现权的要求是月开播的场次大于 8 场，月开播的天数大于 8 天，经验分数大于 3000 分。

（3）淘宝直播可以采用“短视频+直播”的配套打法，摘取直播中的部分片段，放到抖音、快手之类的短视频平台，用内容加大流量分发，最后将流量引流到淘宝直播店铺。

【课堂小贴士】

淘宝直播流量的分配原则主要是根据主播进行分级运营，全体主播的考核标准都是根据“经验+专业值”进行综合评定的。其中，经验部分包括直播场次、时长以及平台活动参与完成和粉丝维护留存。专业方面包括专业知识能力，一个月内的直播订单、进店转化率，以及订单退货、差评售后服务能力等。

（二）开展方式

（1）店铺直播：淘宝为目前直播电商模式最为成熟的平台，主要分为红人带货+商家自播，90%直播场次和 70%成交额来自商家自播。淘宝直播进店转化率超 60%，但退货率较高。淘宝 App 月活跃用户为 6.5 亿，淘宝直播 App 月活跃用户为 7500 万，用户基数庞大，但应用社交属性较低。

（2）与达人合作：导流到店，独立成交。

二、开通操作

本任务主要介绍淘宝直播的开通条件和开通方法。

（一）开通条件

（1）淘宝直播需要企业或个人已经拥有淘系店铺（天猫或淘宝）。

（2）店铺为一钻以上（包含一钻）。

（3）实名认证。

注意：个人未拥有店铺需要成为淘宝达人，才可以开通直播。

（二）开通方法

支持移动端和 PC 端两种开通方法。

1．移动端开通

淘宝直播移动端开通流程如图 5-46 所示。

（1）下载淘宝主播 App；

（2）实名认证注册淘宝主播；

（3）发起直播，开启地理定位；

（4）添加商品；

（5）开启直播。

图 5-46　淘宝直播移动端开通流程

2. PC 端开通

（1）下载安装 PC 端直播软件。可登录淘宝直播中控台，单击直播预览画面右上角的“设置”按钮，在弹出的“直播画面设置”对话框中，选择“PC 端工具开播”，最后单击“Windows 下载”，等待下载完成后安装即可。

（2）打开淘宝直播 PC 端。淘宝直播 PC 端开播工具可以实现高清画质直播间，丰富直播内容和玩法。淘宝直播 PC 端后台界面如图 5-47 所示。

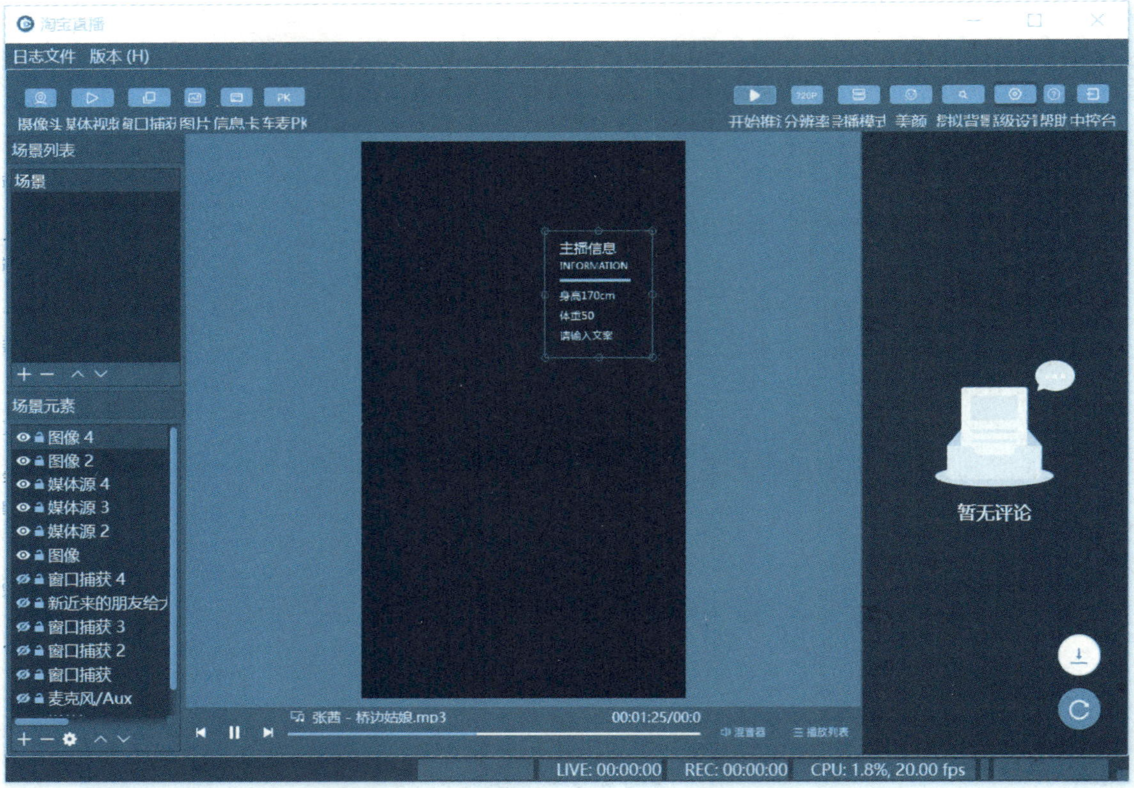

图 5-47 淘宝直播 PC 端后台界面

（3）设置调试直播间。

（4）开始推流。

（5）正式开播。

三、直播带货操作细则

淘宝直播可以直接跳转淘宝及天猫商城的商品，购物更加方便。

（一）发布预告

在淘宝直播中控台，选择左侧菜单中的“直播管理—我的直播”，然后单击页面右上角的“创建直播”按钮；进入“发布直播”页面，选择其中的“普通直播”，即可发布直播预告，淘宝直播发布预告流程如图 5-48 所示。

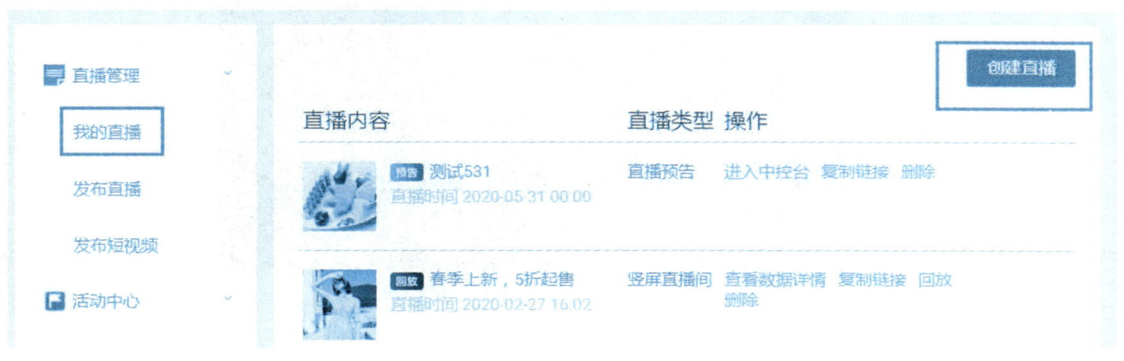

发布直播

您可以将直播投稿给淘宝直播频道，也可以推送至微淘、个人主页

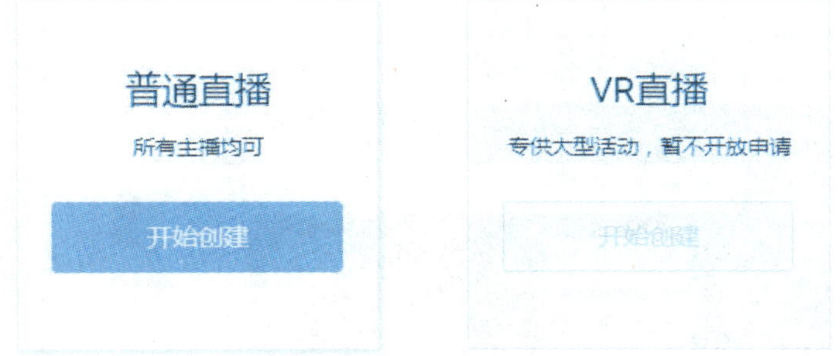

图 5-48　淘宝直播发布预告流程

（二）直播间调试

开启美颜功能：单击淘宝直播电脑端软件页面上的“美颜”按钮，在弹出的窗口右上角开启美颜功能，可调整美颜相关参数，使效果达到最佳。淘宝直播开启美颜流程如图 5-49 所示。

添加信息小卡：单击淘宝直播软件上的“信息卡”按钮，弹出“信息卡添加”窗口，先创建信息卡，然后单击“添加到画面”按钮，将创建好的信息卡添加到直播画面中，在直播画面中选中信息卡，用拖曳的方法可调整信息卡的大小和位置，也可以用同样的方法添加轮播条。淘宝直播添加信息小卡流程如图 5-50 所示。

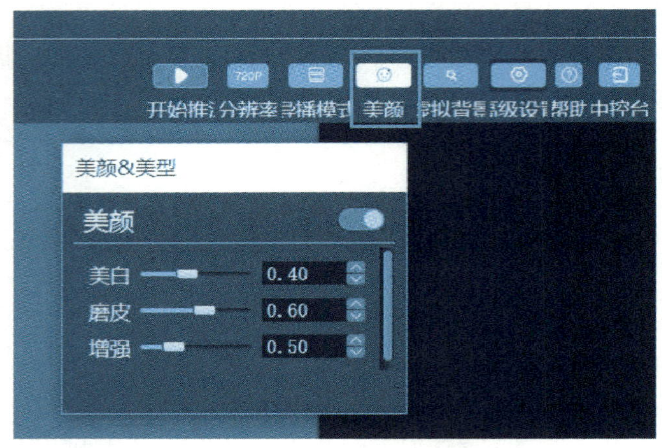

图 5-49　淘宝直播开启美颜流程

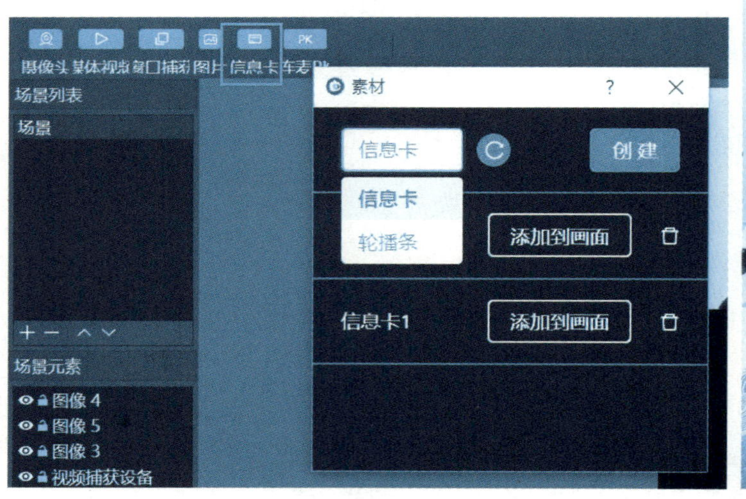

图 5-50　淘宝直播添加信息小卡流程

添加直播间挂件：单击淘宝直播软件左上角的“图片”按钮，在弹出的窗口中选择一张图片，然后单击“确定”按钮，添加图片到画面中，在画面中选中图片，拖曳可调整图片的大小和位置，可用同样的方法添加 gif 动态图片。淘宝直播添加挂件流程如图 5-51 所示。

图 5-51　淘宝直播添加挂件流程

直播间添加背景音乐：单击淘宝直播软件右下角的“播放列表”，弹出播放列表的窗口，在该窗口单击右上角的“添加音乐”，即可添加背景音乐。淘宝直播添加背景音乐界面如图 5-52 所示。

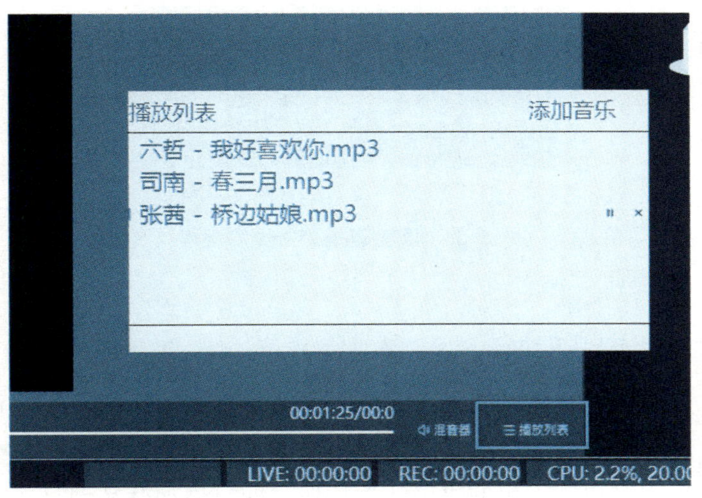

图 5-52　淘宝直播添加背景音乐界面

设置直播间公告：在淘宝直播中控台的互动面板中单击“公告”菜单，在弹出的窗口中可输入公告内容（最多 70 字），然后单击“确认”按钮，即可发送直播间公告，这时观众屏幕顶部会出现一条红色背景的文字公告，淘宝直播公告设置流程如图 5-53 所示。

图 5-53　淘宝直播公告设置流程

（三）直播间添加商品

在淘宝直播中控台的互动面板，单击“宝贝”菜单，在弹出的添加宝贝窗口，可输入任意淘宝商品链接，单击“获取宝贝”按钮，在获取的产品图片右上角勾选默认或者自定义商品优惠信息，然后单击窗口右下角的“确认”按钮，即可添加商品到直播间。淘宝直播间添加商品流程如图 5-54 所示。

图 5-54　淘宝直播间添加商品流程

（四）参加官方直播活动

主播应关注官方最新的活动信息，按照活动相关要求报名，报名通过则会获得活动会场的流量支持。

获取官方活动的方式如下。

（1）关注淘宝主播 App 资讯，这里会经常公布官方最近的活动信息；

（2）关注官方群消息，很多活动信息会在群里通知；

（3）关注淘宝直播白皮书，官方活动信息会不定期在白皮书中更新。

活动介绍：①档口直播活动：最近官方主推的活动，专门针对档口主播，符合条件的主播可以报名参加；②排位赛：每月一次的官方直播活动，所有主播都可参加；③行业活动：如食品、服装、美妆等行业每月都会举行直播活动，符合报名条件的都可以报名参与；④官方大促：如“双十一”“双十二”、年货节等官方大促活动，官方会有流量扶持。淘宝直播活动展示如图 5-55 所示。

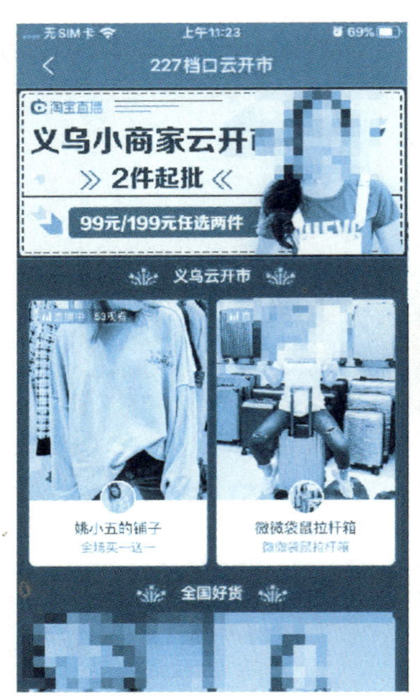

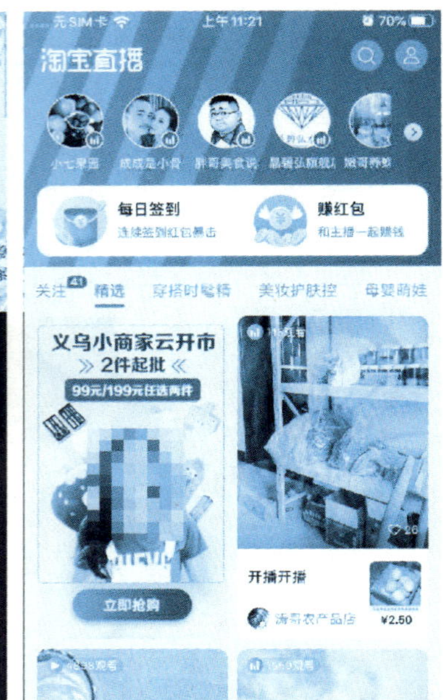

图 5-55　淘宝直播活动展示

项目小结

腾讯直播最大的价值在于私域流量的开发和持续沉淀，实现工具化的社交裂变。快手直播最大的价值在于用户的高活跃黏性，因此，在与达人合作过程中，用户会因为达人的推荐而关注企业的直播间，内容在获得用户喜欢的情况下，也能给直播间带来流量。抖音作为国内活跃用户最多的短视频平台，流量的来源要依靠短视频内容的制作和发布的内容符合平台的喜好，能引起平台观众的共鸣，直播才会有流量。淘宝直播是典型的混合域直播方式，流量的来源一方面是电商店铺原来的“粉丝”，另一方面是淘宝直播根据直播间权重推荐的流量。相比其他直播平台而言，淘宝直播是纯卖货的平台，用户在淘宝直播更类似“逛街”的感觉，购物目的相对明确。这就决定了企业要有好的电商运营能力，需要具备产品好、易展示（类似买家秀）和快转化的条件。

因此，电商直播的平台并没有优劣之分，选择的标准如下：

企业的内容能力强，首选抖音快手；

企业的产品能力强，首选淘宝直播；

企业的运营能力强，首选腾讯直播。

项目检测

一、单项选择题

1．为了让人设“立得住”，直播团队还需要通过（　　）积极渲染主播人设。

A．策划一系列故事　　B．在直播间讲故事

C．打造自媒体的传播矩阵　　D．以上全选

2．以下时间段中，不太适合大型直播活动的预告时间的是（　　）。

A．提前一个月　　B．提前一周

C．开播前 3 天　　D．开播前一天

3．新媒体主播在直播的过程中，经常要跟粉丝互动，要求新媒体主播的语言表达要有感人的魅力，很重要的一点是要做到（　　）。

A．情绪饱满　　B．随性而为

C．措辞准确　　D．追求打赏

4．在直播中，可能会出现粉丝互动不够热烈的情况，这个时候要求主播有一些相应的办法去调动粉丝的积极性，不包括（　　）。

A．用更丰富或者有趣的表情和动作，来增加趣味性

B．感谢送礼物的粉丝，让他们有被重视感

C．可以宣传粉丝群，或者与粉丝互动让他们点歌，增加粉丝的存在感

D．用不友好的语言强迫粉丝互动

二、判断题

1．快手平台，直播内容能否被推送关键因素在于直播账号是否得到了用户的关注。（　　）

2．直播营销中，主播需要深度了解商品。（　　）

3．淘宝直播的营销优势是，去中心化、用户对品牌消费更为热衷。（　　）

4．抖音直播平台能够利用用户画像分析用户的兴趣爱好，找到精准用户。（　　）

三、思考题

1．腾讯直播有哪些平台和入口？

2．各直播平台的流量规则有什么区别，如何选择合适的直播平台？

3．如何开通快手小店？

4．淘宝直播间调试需要注意什么？

四、案例分析题

《网络直播营销管理办法（试行）》中对于直播营销人员的限制解读

2021 年 4 月 23 日，国家互联网信息办公室、公安部、商务部、文化和旅游部、国家税务总局、国家市场监督管理总局、国家广播电视总局七部门联合发布《网络直播营销管理办法（试行）》（以下简称办法），该办法于 2021 年 5 月 25 日起正式开始施行。

近些年来，直播带货作为一种新兴商业模式和互联网业态，发展势头迅猛，在发挥促进就业、扩大内需、助力脱贫攻坚等积极作用以外，也随之出现了直播营销人员言行失范、利用未成年人直播牟利等一系列问题，基于这一背景，国家出台办法肃清网络直播环境。这里就办法中对于直播营销人员的限制进行简单解读。

办法中第十七条对于直播营销人员的年龄做了限制，避免低龄主播的出现，"直播营销人员或者直播间运营者为自然人的，应当年满十六周岁；十六周岁以上的未成年人申请成为直播营销人员或者直播间运营者的，应当经监护人同意"。

办法中第十八条提出，直播营销人员在从事网络直播营销活动时不得发布虚假信息以及骚扰、诋毁、谩骂及恐吓他人等。

办法中第二十二条提出，直播运营者需要对其推荐的商品担负起责任，"直播间运营者应当对商品和服务供应商的身份、地址、联系方式、行政许可、信用情况等信息进行核验，并留存相关记录备查"。这样可在一定程度上保证电商直播带货市场的规范性，维护消费者合法权益。

（资料来源：中共中央网络安全和信息化委员会办公室，http://www.cac.gov.cn/2021-04/22/c_1620670982794847.htm）

项目实训

为了提高对各直播平台的实操经验，我们将进行下述实训操作。

【实训目标】

1．熟悉不同直播平台的区别；

2．掌握任一平台的深度操作；

3．掌握直播电商平台的选择。

【实训内容】

选择任意直播平台，完成从开通、调试到添加商品、开展直播等全流程操作实训。

【实训要求】

1．选择平台时要清楚选择对应平台的原因；

2．通过“粉丝”群维护、优化直播间内容等运营方式，争取将直播间在线人数增加到1000 人以上。

项目六　直播电商内容推广

【学习目标】

【知识目标】

1. 认识和了解短视频的相关知识；
2. 熟悉短视频直播内容推广的技巧；
3. 认识和了解微信公众号的相关知识。

【技能目标】

1. 熟悉微信公众号直播内容推广的技巧；
2. 认识和了解社群的相关知识；
3. 熟悉社群直播内容推广的技巧。

【素质目标】

1. 了解微信公众号转载文章涉及的侵权问题；
2. 理解微信公众号文章内容相关规范。

【导入案例】

蒙牛慢燃奶昔全民挑战

一杯纤维奶昔牛奶除了靠口感吸引消费者购买外，还有哪些新鲜的尝试？一个统一的抖音动作，能有多大的影响力？蒙牛大胆做了尝试。

蒙牛新推出了一款慢燃纤维奶昔牛奶，主要面向“90后”“00后”消费群体。为了将新品快速渗透和触达目标人群、曝光新品、强化产品卖点、提升产品销量，蒙牛选择在短视频的流量聚集地——抖音发起一场全民挑战慢燃环挑战赛，引导参与者完成简单的挑战动作，并将挑战视频分享至抖音，引爆全平台对活动的关注。

活动中，15位高人气抖音达人参与挑战，掀起全民模仿热潮，总播放量达742.6万次。此外，活动设置有实物大奖，以引导用户参与。同时，在微博及微信公众号发布相关活动信息，为活动预热和引流。

（资料来源：搜狐新闻，https://www.sohu.eom/a/292544394_378903）

思考：

1. 慢燃奶昔牛奶的成功营销利用了哪些营销手段？
2. 在抖音上面发起吸引消费者参与的挑战赛需要注意些什么？

任务一　短视频推广

一、短视频的定义

短视频是一种视频长度以秒计数，主要依托移动智能终端实现快速拍摄和编辑，可以在社交媒体平台实时分享与无缝对接的一种新型视频形式。

不同于微电影和直播，短视频制作并没有像微电影一样具有特定的表达形式和团队配置要求，具有生产流程简单、制作门槛低、参与性强等特点，又比直播更具有传播价值，短视频的出现丰富了新媒体原生广告的形式。

二、短视频的类型

（一）录屏类

录屏类短视频是运用智能终端设备将要传递的内容以录屏的形式展示给观众，此类短视频多搭配解说，多见于游戏、电影、电子产品使用等内容，视频内容简单明了，清晰易懂。如介绍手机的一些小技巧、功能等。

（二）人物出镜类

人物出镜类短视频是人物出现在短视频的镜头中进行产品的展示或互动的视频类型，此类短视频常见于生活类、美食类、知识类、历史类等，如百科知识讲解、历史类知识讲解等。很多企业也采用这种形式来讲解行业知识，从而提升知名度。

（三）采访类

采访类短视频是指人物面对面进行访问的短视频，此类短视频多见于娱乐类、知识类、文艺类的节目。这种形式的短视频互动性强，粉丝的观看度也相对较高。

（四）娱乐剧情类

娱乐剧情类短视频是指内容多为情节型的短视频，此类短视频多见于搞笑、悬疑类节目，这类节目粉丝基础相对较大，涨粉速度快，且粉丝的黏性较强。因为娱乐是大众的本能，大家会更愿意看一些娱乐类的节目放松。

（五）动画类

动画类短视频是指视频内容以动画形式展示的短视频，此类短视频多见于科普类、生活技巧类等内容。这种形式的短视频清晰明了，可直接表达需要展示的内容，但是制作周期相对较长，制作难度也相对较高。

三、常见的短视频平台

（一）抖音

抖音是一款旨在让用户表达自己、记录美好生活的短视频分享平台，同时也是一个专注年轻人音乐的短视频社区平台。用户可以通过这款软件选择歌曲，拍摄音乐短视频，形成自己的作品。抖音短视频可以根据用户的爱好推荐用户喜爱的视频，用户也可以通过这款软件认识更多的朋友，了解各种奇闻趣事。

（二）快手

快手是一款用户用于记录和分享生产、生活的平台。用户可以通过这款软件观看自己感兴趣的视频，同时可以拍摄视频进行发布与分享。快手短视频可以根据用户的爱好推荐用户喜爱的视频，让用户了解更多丰富有趣的内容。

（三）微视

微视是一款短视频分享平台与社区平台。用户不仅可以在微视上浏览各种短视频，同时可以通过创作短视频来分享自己的所见所闻。此外，微视还结合了微信和腾讯 QQ 社区等社交平台，用户可以将微视上的视频分享给好友。

（四）微信视频号

微信视频号是继微信公众号、小程序后又一款微信生态产品。用户可以在平台上进行短视频的浏览，同时可以创作自己的视频上传至平台，还可以将自己感兴趣的视频或者自己拍摄的视频通过平台分享给好友。

四、短视频直播内容推广

在进行短视频直播内容推广前，需要制作好短视频直播推广内容。在制作好短视频直播推广内容后，需要借助短视频平台对其进行推广，常用的推广方式有两种，分别是免费推广和付费推广。

（一）免费推广

短视频的免费推广方式主要包括个人推广和多渠道分享推广两种方式。

1. 个人推广

个人推广是指由个人将已制作好的直播推广内容发布在短视频平台上的一种推广方式，这种方式是短视频推广中最基础、最简单的一种。个人推广一般需要经过以下步骤。

步骤 1：添加直播推广视频。

步骤 2：编辑推广文案。

步骤 3：发布直播推广视频。

以抖音平台为例，进行个人直播内容推广，具体操作步骤如下。

步骤 1：打开抖音，进入抖音平台的首页，然后单击下方中间的“＋”，之后进行素材的选择，如图 6-1 所示。

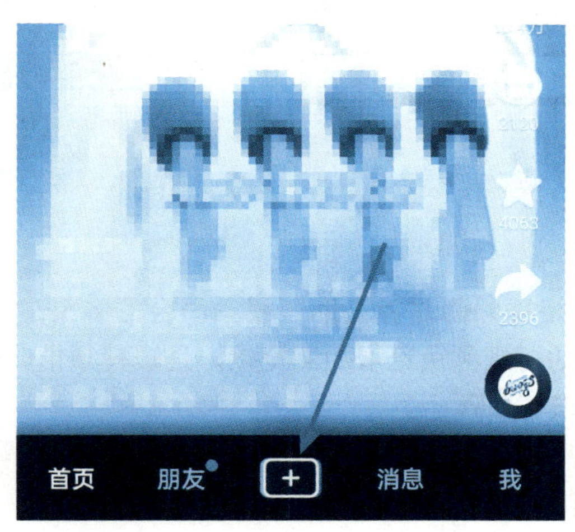

图 6-1　抖音首页界面截图

步骤 2：进入快拍页面，接着单击快拍页面的“相册”按钮，在弹出的所有照片页面，选择已经制作好的短视频，然后单击页面下方的“下一步”按钮，进入视频编辑界面，如图 6-2 所示。

步骤 3：在视频编辑界面，可以为视频添加音乐、文字、特效以及自动弹幕等，运营人员可根据推广需求自行设置，将视频编辑完成后单击页面下方的“下一步”按钮，进入发布页面，如图 6-3 所示。在发布页面将已编辑好的文案和话题输入发布页面的标题编辑框中，再单击“选封面”设置短视频的封面，将以上步骤设置完成后，单击页面下方的“发布”按钮，即可完成短视频直播内容的推广。

图 6-2　视频编辑界面截图

图 6-3　发布界面截图

2. 多渠道分享推广

多渠道分享推广是指短视频创作者借助短视频平台的多渠道分享功能进行的短视频推广。这种方式可以使推广的短视频快速增加浏览量，是短视频推广较常用的一种方法。多渠道分享推广一般需要经过以下步骤。

步骤 1：选择需要推广的短视频。

步骤 2：选择分享的渠道。

步骤 3：分享推广。

以抖音为例，进行多渠道分享推广的操作，具体操作步骤如下。

步骤 1：打开抖音 App，在“我”的界面中选择要分享推广的短视频，然后单击页面右侧的“更多”按钮，在弹出的“更多”界面中，可以将短视频私信朋友，也可将短视频分享到朋友圈、QQ 空间、多闪、微博等社交媒体平台。以下以分享至朋友圈为例进行操作，点击“更多”界面中的“朋友圈”按钮，如图 6-4 所示；然后在弹出的分享窗口中，单击“发送视频到朋友圈”按钮，如图 6-5 所示，打开微信 App。

步骤 2：在微信 App 中单击“发现”，进入“发现”页面，如图 6-6 所示；接着单击“朋友圈”进入朋友圈界面，在朋友圈界面单击右上角的“照相机”图标，如图 6-7 所示；在弹出的列表中单击“从手机相册中选择”进入图片或视频选择界面，在该界面中选择已下载完成的抖音短视频，进入视频编辑界面。

图 6-4　分享至朋友圈界面截图

图 6-5　“发送视频到朋友圈”界面截图

图 6-6　发现—朋友圈界面截图

图 6-7　照相机界面截图

步骤 3：在视频编辑界面可对短视频进行编辑，如图 6-8 所示；编辑完成后，单击“完成”，进入朋友圈编辑界面，如图 6-9 所示；在朋友圈编辑界面中，输入已编辑好的推广文案，完成后单击“发表”即可完成短视频内容的分享，如图 6-10 所示。

图 6-8 视频编辑界面截图

图 6-9 朋友圈编辑界面截图

图 6-10 微信朋友圈界面截图

（二）付费推广

付费推广是指在短视频推广过程中采用付费的形式为短视频获取流量的方式。常用的短视频付费推广方式有借助站内的付费推广工具进行推广和借助 KOL 进行推广。

1. 借助站内的付费推广工具进行推广

借助站内的付费推广工具推广是指借助短视频平台内部的付费推广工具对短视频进行推广。不同短视频平台有不同的付费推广工具，如抖音平台的“DOU+”，快手平台的“快手粉条服务”等工具。下面以抖音为例，讲解如何使用“DOU+”在抖音上推广短视频。

“DOU+”是抖音平台为创作者提供的视频推广引流工具，能够帮助创作者高效提升视频播放量与互动量，提升内容的曝光效果。

用“DOU+”推广短视频的具体操作步骤如下。

步骤 1：打开抖音平台，进入个人主页，选择需要推广的视频，然后单击界面右侧的“更多”按钮，如图 6-11 所示。在弹出的更多界面中，选择“上热门”按钮，进入“DOU+”推广界面。

步骤 2：在“DOU+”推广页面中商家可以选择“速推版”和“定向版”两种推广方式。“速推版”是指抖音通过商家设置的推广人数和推广目的自动进行推广的一种方式，“速推版”不需要商家过多设置；“定向版”又称自定义推广，指商家通过手动设置投放目的、投放时间、投放地域、投放人群进行推广的一种方式。以下以“速推版”为例进行推广设置。

步骤 3：在“速推版”界面中将推荐的人数和推广的目的设置完成后，单击界面下方的“支付”按钮，在支付完成后，即可完成“速推版”的推广操作，如图 6-12 所示。

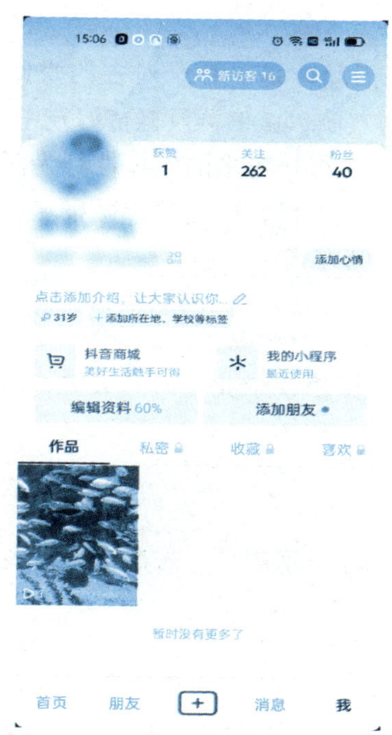

图 6-11　个人主页界面截图

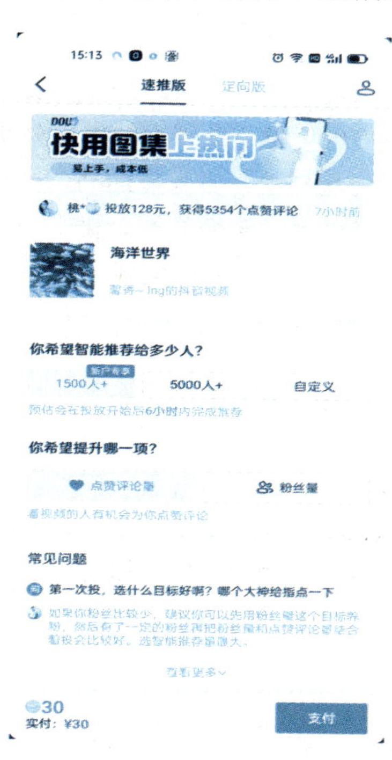

图 6-12　支付界面截图

2. 借助 KOL 进行推广

KOL 是营销学上的一个概念，即关键意见领袖，指的是拥有更多、更准确的产品信息，且为相关群体所接受或信任，并对该群体的购买行为有较大影响力的人。

借助 KOL 推广是指通过与 KOL 进行合作来推广短视频的一种推广方法。借助 K0L 推广短视频一般需要经过以下几个步骤。

步骤 1：根据短视频的主题和内容寻找目标用户群体。

步骤 2：根据目标用户群体的特点和爱好寻找最契合的 KOL。

步骤 3：与寻找的 KOL 进行合作洽谈，并将推广的文案和短视频发送给 KOL，让其进行推广。

任务二　微信公众号推广

一、认识微信公众号

（一）微信公众号概念

微信公众号是利用公众账号开展的自媒体营销活动，是一种一对多的媒体宣传推广活动。同时，用户也可将公众号中的内容分享到微信朋友圈、微信群及微信好友中。

利用微信公众号进行自媒体活动，简单来说就是进行一对多的媒体性行为活动，如商家通过微信公众号展示商家微官网、微会员、微推送、微支付、微活动、微报名、微分享、微名片等，已经形成了一种主流的线上线下微信互动营销方式。

（二）微信公众号的类型

微信公众号分为服务号、订阅号、小程序、企业微信（企业号）四大类，下面是各类型公众号的特点及区别。

1．服务号

微信服务号旨在为用户提供服务，一个月内可推送 4 次消息，每次消息最多推送 8 条，订阅位置在通讯录中单独展现，只支持企业申请。

2．订阅号

微信订阅号旨在为用户提供信息，24 小时内可推送 1 次消息，每次消息最多推送 8 条，订阅位置在订阅号列表中展现，个人与企业皆可申请。

3．小程序

微信小程序是一种不需要下载安装即可使用的应用，体现的是“用完即走”的理念，开发门槛相对较低，能够实现消息通知、线下扫码等功能，旨在与用户实现互动。

4．企业微信

企业微信（企业号）是腾讯微信团队打造的企业通信与办公工具，具有与微信一致的沟通体验，丰富的 OA（办公自动化）应用和连接微信生态的能力，可帮助企业连接内部、连接生态伙伴、连接消费者。

四种类型的微信公众号主要有以下区别。

（1）订阅号：每天只能推送 1 条，企业和个人都可以申请。

（2）服务号：一般为企业和集团所有，微信规定每月只能主动推送 4 次消息。

（3）企业号：一般为企业所有，主要为公司内部通信使用，需要先验证身份才可以关注企业号。

（4）小程序：是一种不需要下载、安装即可使用的应用，它实现应用“触手可及”的梦想，用户扫一扫或搜一下即可打开应用。

案例 6-1

海底捞火锅：每日微信预定 100 万单

海底捞是较早试水 O2O 营销的餐饮连锁服务企业之一，其凭借在微博、点评网站等互联网平台的口碑，迅速聚集起大量的忠实粉丝。加强客户关系管理一直是海底捞的追求，特别是在移动互联网时代，新技术手段层出不穷，对经营者而言如何选择更好的管理方式是他们需要思考的问题。关注海底捞火锅的微信（图 6-13），就会收到一条关于发送图片可以在海底捞门店等位区现场免费制作打印美图照片的消息，同时海底捞也会通过微信公众号推送一些活动优惠信息或者门店活动。

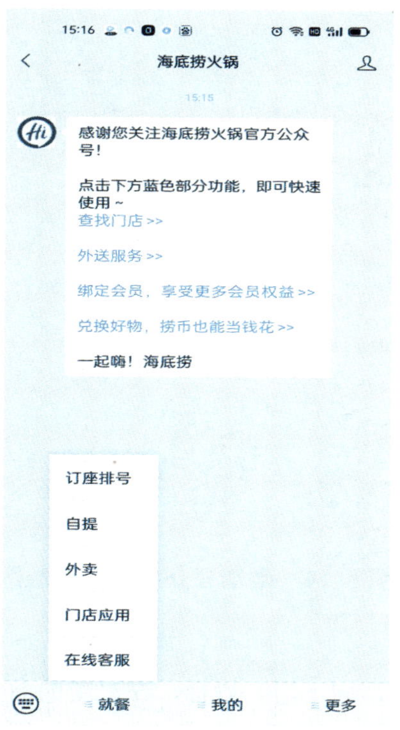

图 6-13　海底捞微信推广界面截图

二、微信公众号直播内容推广

微信公众号直播内容推广是指借助微信公众号进行直播内容的推广，微信公众号推广主要有两种方式，分别是免费推广和付费推广。

（一）免费推广

微信公众号免费推广是指将要推广的内容在已有的公众号上进行发布的一种方式。借助公众号免费推广直播内容，一般需要以下几个步骤。

步骤 1：登录微信公众平台。

使用浏览器进入微信公众平台（https://mp.weixin.qq.com/），登录账号，微信公众平台首页（图 6-14）。

图 6-14　微信公众平台页面截图

步骤 2：编辑推广内容。

在进入微信公众号平台后，向下滑动鼠标，在“新的创作”模块中，可以创作图文消息、文字消息、视频消息、音频消息、图片消息的内容，如图 6-15 所示；以下以创作图文消息为例进行操作，单击“图文消息”进入图文消息的内容编辑页面，如图 6-16 所示；在该页面中将已经准备好的直播推广文案及图片进行输入，完成后添加相关封面和摘要。

图 6-15　类型选项页面截图

步骤 3：完成编辑后，单击页面下方的“保存并群发”。

图 6-16　内容编辑页面截图

（二）付费推广

1. 付费推广具体方式

微信公众号付费推广主要是指借助微信公众平台中的“广告主”进行信息的推广，可以将推广内容投放到微信朋友圈、微信公众号、微信小程序上进行推广引流，进而扩大信息的覆盖面和影响力。

“广告主”是微信进行广告投放的通道，用户可通过开通“广告主”来在微信上进行广告投放，吸引更多的流量和关注。“广告主”推广的广告位有朋友圈广告、公众号广告和小程序广告三种。

（1）朋友圈广告

朋友圈广告是基于微信生态体系，以类似朋友的原创内容形式在用户朋友圈进行展示的原生广告（图 6-17）。

图 6-17 朋友圈广告界面截图

（2）公众号广告

公众号广告是基于微信公众号生态，以类似公众号文章的内容形式在文章底部、视频贴片和互选等广告资源位进行展示的内容广告（图 6-18）。

（3）小程序广告

小程序广告是在微信小程序中展示的一种广告，这种广告可灵活设置展现页面与位置（图 6-19）。

2. 付费推广流程

在微信公众平台上进行付费推广前，首先需要开通“广告主”，在开通了“广告主”后，才可在微信公众平台进行内容的付费推广，以下为使用“广告主”进行付费推广的流程。

毕老师说 >

吵架是不能解决问题的，只会使事情恶化。

这种情况，是不会出现在你的身上。

因为从你的留言中可知，当同事怼你时，你由于性格使然说不出话，只能闷在心里，独自受伤。

可是这样也不好，时间久了就容易烦躁，对工作不喜欢。

这时候，你就需要保持一颗平常心，淡定以对，找出问题的关键所在，解决根本，才是处理问题的上上之策。

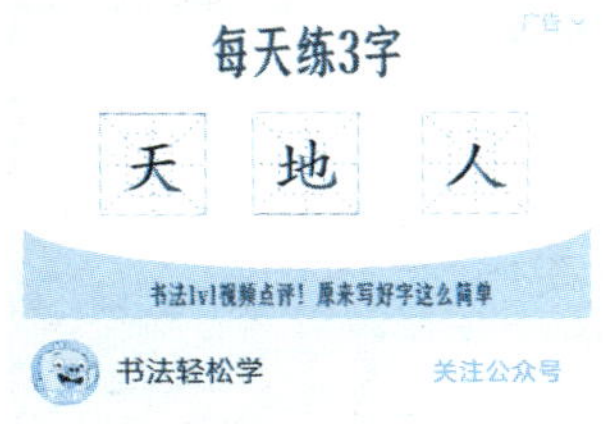

图 6-18　公众号内容编辑中广告界面截图

图 6-19　小程序界面截图

（1）开通“广告主”

步骤 1：登录微信公众平台。

通过网页搜索“微信公众平台”，进行账户登录。

步骤 2：申请“广告主”。

选择左侧面板“推广”中的“广告主”，提交开通广告主功能申请（图 6-20）。注意在申请开通“广告主”时，需要关注相关开放政策，主要为开放行业分类及资质。

图 6-20　开通广告主功能截图

步骤 3：开通完成。

微信广告平台一般会在 2 个工作日内完成“广告主”开通审核与反馈，审核通过即可进入“广告主”功能的操作界面。

（2）进行付费推广

步骤 1：创建投放计划。

创建投放计划主要包括四步，分别是选择推广目标、选择投放位置、选择购买方式和命名投放计划。

选择推广目标：目前微信广告提供 8 种推广目标，分别为推广品牌活动、推广我的门店、推广我的应用、推广我的商品、推广我的公众号、派发优惠券、收集销售线索、推广我的小游戏，如图 6-21 所示。

图 6-21　选择推广目标页面截图

选择投放位置：目前微信广告位投放支持 8 个广告位，分别为朋友圈信息流、公众号文章中部、公众号文章底部、公众号文章视频贴片、公众号互选广告、小程序 Banner 广告、激励式广告、小程序插屏广告，如图 6-22 所示。

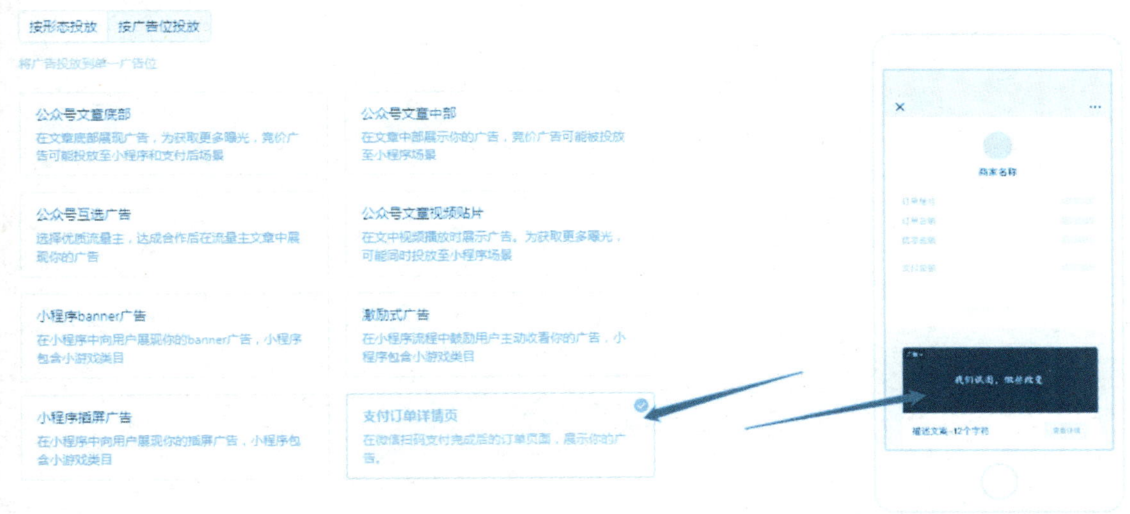

图 6-22　投放位置页面截图

选择购买方式：根据实际情况，选择合适的购买方式，不同的广告位，提供不同的购买方式和售卖策略，目前微信广告提供的购买方式有竞价购买广告和排期购买广告两种，如图 6-23 所示。

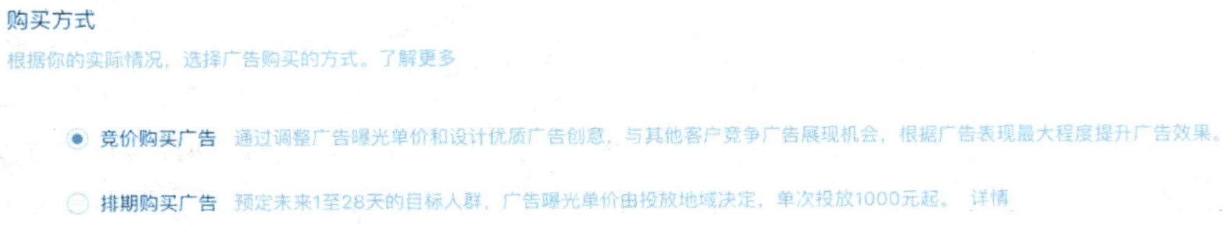

购买方式

根据你的实际情况，选择广告购买的方式。了解更多

◉ 竞价购买广告　通过调整广告曝光单价和设计优质广告创意，与其他客户竞争广告展现机会，根据广告表现最大程度提升广告效果。

○ 排期购买广告　预定未来1至28天的目标人群，广告曝光单价由投放地域决定，单次投放1000元起。　详情

图 6-23　购买方式页面截图

命名投放计划：根据实际需求可自定义投放计划名称也可使用系统默认名称。

根据需求将以上内容设置完成后，进入下一步的设置。

步骤 2：设置广告。

设置广告包括四步，分别是选择广告定向投放人群，设置广告投放时间，设置广告预算出价，命名广告。

选择广告定向投放人群：可按照地域、性别、年龄、兴趣等标签选择定向投放广告的人群，如图 6-24 所示。

图 6-24　选择广告定向投放人群页面截图

设置广告投放时间：设置广告投放的起止时间，广告投放时间与广告计划设置的购买方式有关，按曝光排期购买、按点击竞价购买、按曝光竞价购买三种模式分别对应不同的广告投放时间控制策略，如图 6-25 所示，为设置广告投放时间。

图 6-25　设置广告投放时间页面截图

设置广告预算出价：广告的预算出价与广告计划设置的购买方式有关，按曝光排期购买、按点击竞价购买、按曝光竞价购买三种模式对应的广告预算及出价操作有所差异。

命名广告：广告名称支持输入自定义命名或使用系统默认名称。

根据需求将以上内容设置完成后，可进入下一步的设置。

步骤 3：设置创意。

设置创意主要包括选择广告样式和填写广告样式所需要的内容，不同的广告位置所填写的内容也会有所不同。

步骤 4：预览并提交审核。

将以上内容都设置完成后，进入广告预览，预览无误后，提交广告计划进入审核，如图 6-26 所示，审核通过后，即可完成推广设置。

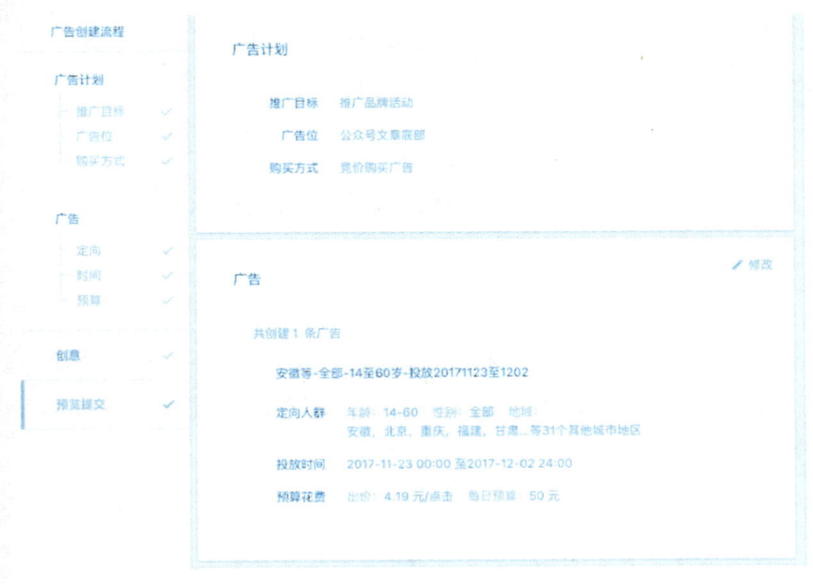

图 6-26　预览并提交审核页面截图

任务三 社群推广

一、认识社群

（一）社群的概念

社群是指依托社交平台创建的具有明显特征的营销组织，指具有相同爱好、属性、目标的人组成的群体。通俗来说，社群的本质是聚集一群人。

（二）社群的类型

常见的社群主要分为产品型、品牌型、知识型和其他类型四类。

1. 产品型社群

产品型社群是以产品转化、产品服务等为核心内容进行互动交流而构建的一种社群模式，比如小米社群、联想社群等，社群成员积极参与产品的研发、设计、体验、推广等过程，企业通过社群也可以收集到大量消费者的产品需求，为后期产品研发以及迭代升级提供依据。

2. 品牌型社群

品牌型社群是产品型社群的一种延伸，主要是以某一品牌为中心的社群模式。它是以用户对产品的情感利益为联系纽带，包括用户对产品的特殊情感和认知。

3. 知识型社群

知识型社群是以知识分享为中心的一种社群模式，在这类社群中成员更乐于分享自己的经验知识和成果。

4. 其他类型社群

主要包括工具型社群和资源型社群两种。工具性社群具有的应用性、场景性和灵活性，完全可以服务于用户特定场景的沟通需求。资源型社群是一种以资源置换与共享为基础的社群模式，成员之间可以互相分享资源。

（三）构成社群的五要素

1. 构成社群的第一要素——“同好”

“同好”决定了社群的成立。所谓“同好”，是对某种事物的共同认可或行为的人，是一个社群成立的发端。

2. 构成社群的第二要素——结构

结构决定了社群的存活。结构包括组成成员、交流平台、加入原则、管理规范，这四个组成结构做得越好，社群存活时间越长。

3. 构成社群的第三要素——输出

输出决定了社群的价值。没有足够价值的社群迟早会成为“鸡肋”，群主和群员会选择解散群或者退群。为了防止这种情况出现，社群一定要能给群员提供稳定的服务输出，毕竟这才是群员加入该群、留在该群的原因。

4. 构成社群的第四要素——运营

运营决定了社群的寿命。不经过运营管理的社群很难有较长的生命周期，一般来说，通过运营要建立“四感”，即仪式感、参与感、组织感及归属感。

仪式感是指在社群运营过程中，注重社群的正式性；参与感是指能够及时调动群成员的积极性；组织感是指在社群运营过程中注重建立群成员的组织性，社群信息、活动等有组织、有纪律；归属感是指增强群成员的团结性，能够让群成员感受到自己是其中的一分子，因此一定要注意社群的运营。

5. 构成社群的第五要素——复制

复制决定了社群的规模。由于社群的核心是情感归宿和价值认同，所以往往社群越大，情感分裂的可能性就越大。社群要长期发展，一定要勾画清楚用户画像和社群主题，做好长期的规划，并及时处理低活跃用户，纳入新鲜血液。

案例 6-2

七匹狼：1 小时单直播间销售 38 万元

将水泼到服装上做性能测试，以设计理念、工艺制作为话题解析设计源点，针对不同客群精准推荐穿搭……七匹狼 CEO 更是带头做起了直播，通过互动畅聊、抽奖、满额送礼等丰富形式，让七匹狼实现销售与口碑的双赢。

仅仅 1 小时，两大直播间互动总数超 13 万次，观看总人数超 2.9 万人次，单直播间销售 38 万元，时段秒杀销售额超 128 万元，众多七匹狼 2020 年春夏新品瞬间售罄。

对于布局线上已久的七匹狼而言，新冠疫情带来的是一个新的拐点，也成为线上线下发力的一个新的零售模式。一方面，他们优于线上的团队，在营销上有很深的沉淀，充分理解消费者需求，可以给大家提供优质的用户体验。另一方面，按照线上这种快节奏的运营打法，团队不仅可以提供面对面的体验式服务，还可以通过用互联网的社交平台、社群的模式等，打破与客户的时间、空间限制。七匹狼会针对不同电商平台全面推进，当线上、线下团队都熟知彼此的困难时，就可以融合和协同。

（资料来源：搜狐新闻，https://www.sohu.eom/a/393542871_658921）

二、社群直播内容推广

社群直播内容推广是指借助社群对直播内容进行推广，在进行社群直播内容推广时，一般需要经过以下几个步骤。

步骤 1：选择社群。在进行社群直播内容推广时，首先需要根据直播的内容，在已有的社群中选择跟直播内容相匹配的社群。在选择社群时，可以从直播的主题、产品、受众等几个维度进行选择。例如，一场关于学习资料与文具的直播，可以选择一些知识型社群和产品型社群进行推广。

步骤 2：调动社群成员活跃度。在社群里，不是所有人都能及时看到群消息，而看到群消息的成员也不一定参与互动，这会造成社群整体活跃度较低。所以，在发布内容前，需要在群里举行一些小活动来调动群里人们的活跃度。

步骤 3：将群成员的活跃度和积极性调动起来后，运营人员就可将制作好的内容进行发布，发布的内容可以是文字、图片，也可以是视频。

项目小结

短视频推广是利用短视频进行推广的方式，在制作好短视频直播推广内容后，借助短视频平台对其进行推广，常用的推广方式有两种，分别是免费推广和付费推广。

微信公众号推广是利用微信公众号进行自媒体活动，简单来说就是进行一对多的媒体性行为活动，如商家通过微信公众号展示商家微官网、微会员、微推送、微支付、微活动、微报名、微分享、微名片等，已经形成了一种主流的线上线下微信互动营销方式。

社群推广是利用社群进行营销推广的方式。社群是指依托社交平台创建的具有明显特征的营销组织，指具有相同爱好、属性、目标的人组成的群体。利用社群推广的核心主要是因为社群人员拥有共同的兴趣爱好，对推广的内容能够感同身受。

项目检测

一、单选题

1. 一般美食类、生活类短视频常出现于（　　）视频中。

A．录屏类　　　　B．人物出镜类

C．采访类　　D．娱乐剧情类

2．（　　）短视频平台结合了微信和腾讯 QQ 社区等社交平台。

A．抖音　　B．微信视频号

C．快手　　D．微视

3．（　　）短视频平台属于微信生态产品。

A．抖音　　B．微信视频号

C．快手　　D．微视

4．微信公众号的类型中不包括（　　）。

A．服务号　　B．订阅号

C．小程序　　D．群聊

5．微信（　　）是嵌入在微信中的一个 App。

A．服务号　　B．订阅号

C．小程序　　D．企业号

6．微信订阅号规定每天能推送几条信息（　　）。

A．4　　B．3

C．2　　D．1

7．常见的社群类型不包括（　　）。

A．产品型社群　　B．知识型社群

C．工具型社群　　D．品牌型社群

8．（　　）是以资源置换共享为基础的社群模式。

A．品牌型社群　　B．知识型社群

C．工具型社群　　D．资源型社群

9．工具型社群的特点不包括（　　）。

A．应用性　　B．场景性

C．灵活性　　D．沟通性

二、判断题

1．短视频是一种视频长度以秒计数的新型视频形式。（　　）

2．采访类视频多见于搞笑、悬疑短视频方向。（　　）

3．微信视频号是继微信公众号、小程序后又一款微信生态产品。（　　）

4．微信公众号是利用公众账号开展的自媒体营销活动，是一种一对一的媒体宣传推广活动。（　　）

5．微信服务号旨在为用户提供服务，一个月内可推送 4 次消息，每次消息最多推送 8 条。（　　）

6．微信公众号可以在设置里面绑定多个私人微信号。 （ ）

7．社群是指依托社交平台创建的具有明显特征的营销组织。 （ ）

8．品牌型社群是产品型社群的一种延伸，它以产品对用户的情感利益为联系纽带。 （ ）

9．资源型社群是一种以资源置换与共享为基础的社群模式。 （ ）

三、简答题

1．常见的短视频平台有哪些？它们有哪些不同？

2．简述微信公众号的类型及区别。

3．简述社群的类型及各类型的特点。

四、案例分析题

微信公众号转载文章涉及的侵权问题

通常情况下，微信公众号转载文章涉及的侵权问题主要体现在侵害他人著作权方面。

很多公众号在转发别人的原创文章时，不标明作者，不标明出处，不支付报酬，甚至擅自篡改、修改或删减别人的文章。

转载的行为侵犯他人著作权的具体情形包括：侵犯署名权、侵犯修改权和保护作品完整权以及侵犯信息网络传播权。

一是侵犯署名权。署名权是作者对其作品的首要人身权，指作者有在作品上署名的权利。署名权也是证明作品权利人的重要依据，所以不署名或者乱署名，都是侵犯别人的著作权。所以在转载文章时，务必要注明文章来源与作者姓名。

二是侵犯修改权和保护作品完整权。修改权是权利人修改或者授权他人修改作品的权利。保护作品完整权，是保护作品不受歪曲、篡改的权利。很多公众号为了“不侵权”，就把别人的文章拿来进行修补，或者将几篇文章“东拼西凑”，但这种现象依然属于侵权的范畴。

三是侵犯信息网络传播权。网络信息传播权是指以有线或无线的方式向公众提供作品，使公众可以在其选定的时间和地点获取作品的权利。侵犯信息网络传播权是一种最为常见的侵权方式。文章用了别人的图片，或者转载的文章有别人的图片等，都有可能侵害权利人的信息网络传播权。

以上就是三种较常见的侵犯著作权的情形，所以大家在微信公众号上发布文章时，需要注意相关的法律法规问题。

（资料来源：知乎，https://zhuanlan.zhihu.com/p/98758481）

项目实训

【实训目标】

1. 熟悉不同推广方式的区别；

2. 掌握短视频推广、微信公众号推广的深度操作；

3. 掌握不同推广方式的选择。

【实训内容】

1. 选择任一短视频推广平台，完成短视频的文案创作、视频编辑、视频发布的全流程操作。

2. 选择微信公众号推广平台，完成微信广告的免费推广和付费推广设置。

【实训要求】

1. 选择推广方式的时候清楚选择该推广方式的原因。

2. 多种推广方式一起使用时，能够分析不同推广方式的方法和技巧。

项目七　直播电商的效果评估与改进

【学习目标】

【知识目标】

1. 熟悉直播电商的效果评估指标；

2. 通过案例理解直播电商的效果评估过程。

【技能目标】

1. 掌握直播电商的效果评估指标：流量指标、人气指标和转化指标；

2. 掌握直播电商的效果评判标准：品牌曝光、用户感受和转化成交；

3. 学会对直播电商进行复盘，对直播效果进行评估和改进。

【素质目标】

1. 具备严谨细致的工作态度，具有创新意识，能够在直播执行中恪守职业道德，遵守法律法规，弘扬社会主义核心价值观，传播正能量；

2. 具备电商、广告等行业的法律法规意识，能运用到电子商务和直播电商的实际运营中，能在直播电商中遵守网络直播营销行为规范。

【导入案例】

《茜你一顿饭》是由十一号传媒和华盟新媒联合出品的全明星美食直播节目，该节目每期邀请不同的明星嘉宾做客叶某的私家厨房，开启美味直播。从 2016 年 7 月 15 日起，每周两天，该美食直播节目在优酷直播和手机淘宝直播双平台开播，开创了常态化明星直播综艺的全新模式。

案例亮点：《茜你一顿饭》由四位当红主持人组成“茜你家族”，是首档将美食、明星综艺、直播和电商完美结合的常态化明星直播节目。由叶某主持，该直播节目传递健康、时尚、家常的美食主张；与明星嘉宾畅聊私房话，奉上最新鲜热辣的明星八卦爆料，随时回答网友在直播过程中提出的问题，并进行多轮次的抽奖互动。《茜你一顿饭》首次实现了从内容到电商的全面打通，开启了“内容+互动+电商”的直播新玩法，为观众带来了升级版“边看边买”的一站式购物体验。

复盘数据：

7 月 15 日第一期，主打商品销售 1634 件，并有 1606 人加入购物车。

9 月 5 日第七期，关八会长花式打广告视频，微博播放 36 万次。

10 月 3 日第十五期，直播峰值突破 160 万人。

10 月 17 日第十九期，粉丝亲临现场，点赞数突破 52 万。

近三个月，直播流量总计近 1 亿。

20 家微博大号 27 次直发/转发官方微博，转评数最高 4300 余条。

话题累计阅读量 1.5 亿，相关话题 4 次登上微博热门榜。

252 篇新闻稿件在 35 家平台投放，32 次推送到首页焦点。

自媒体社交平台投放近 70 篇稿件，11 篇阅读量过万。

10 篇微信公关稿投放，阅读量最高超过 10 万。

16 家 App 强强联合，累计 135 次首页推荐。

思考题：

1. 案例中直播电商的效果是通过哪些指标进行测量的？

2. 你觉得直播电商效果评估的最重要指标是什么？

从案例中的直播复盘数据我们可以对主播的直播效果进行综合评价。不同企业和主播对于直播电商效果的评价指标也不同，但基础指标基本一致。通常来说，直播电商的效果评估指标分为流量指标、人气指标和转化指标，而直播电商的效果评判标准和复盘都是根据这三个标准来进行的。

任务一 直播电商的效果评估指标

直播电商运营需要基于数据进行自检，有些数据是后台可以直接监测到的，有些数据则需要通过进一步的计算才能得出。通过数据分析达到盘活粉丝存量以及扩大粉丝增量的目的。盘活粉丝存量指的是将已有粉丝的积极性调动起来，扩大粉丝增量则是指要尽可能多地吸引新粉丝，这些数据在每场直播结束后，都能在后台系统中看到。不同的直播电商平台有不同的数据指标，但从直播电商的本质出发，通用的评估指标主要有三个：流量指标、人气指标和转化指标。

一、流量指标：在线人数

流量指标通常对应直播间的在线人数，在线人数指的是同时在线观看直播间的直播内容的用户数量。在线人数是直播间流量的核心指标，不同的直播平台有不同的流量评价指标，但通常最值得关注的流量指标就是在线人数。

总 PV（Page View），指总的页面浏览量或点击量，用户每访问直播间一次均被记录 1 次 PV，用户对同一页面多次访问，访问量累计。这个数据一般可以直接在后台获取。

总 UV（Unique Visitor），指访问直播间的总人数。在同一天内，进入直播间的用户只被记录一次 UV。

粉丝 UV 占比，是粉丝浏览人数与总 UV 之比。这个数据代表的是正常直播粉丝的观看率，如果一场直播数据中，粉丝 UV 占比较高，说明本场直播的主题和已有粉丝的调性是匹配的，而且私域运营和前期预热做得很好。如果粉丝 UV 占比低于 50%，则代表这场直播路人观看较多，完全没有吸引已有粉丝的注意，那么最大的问题就是要考虑如何盘活粉丝存量，也就是做好已有粉丝的运营与维护。

【课堂小贴士】

直播观看人数的多少和在线人数的多少决定了直播间的水平和人气。目前很多大主播的直播间进入速度都非常快，如此叠加的在线人数也会很多，观看次数增长的速度也就更快。因此，人气非常好的直播间就会获得实时的热度，获得系统更多的推荐，从而获取更多的曝光机会。

在线人数要从两个维度展开分析：在线人数的变化曲线和在线人数的稳定程度。

（一）在线人数的变化曲线：代表直播间的内容质量

随着单场直播的开展，在线人数的变化可以最直观地反映直播间的内容质量。在线人数的变化曲线会出现波峰和波谷，波峰代表直播间的人气峰值，波谷代表直播间的人气低谷。在大部分情况下，直播间在线人数的波峰是因为进行了引流的操作，而波谷的出现则是因为直播间没有办法留住引流进来的用户，出现了用户大量流失的情况。

（二）在线人数的稳定程度：代表直播间的用户黏性

随着多场次直播的开展，稳定的在线人数代表着用户对直播间的黏性。去除波峰、波谷的变化曲线，在线人数的稳定程度代表内容既能留住新用户又能吸引老用户的回流。对所有试图开展直播电商的个人或企业来说，只有持续地把新进入直播间的新用户转化成第二天还会回来观看直播的老用户，才能确保直播能持续开展。

案例 7-1

小米创始人抖音直播首秀

2020 年 8 月 16 日晚间，小米创始人、董事长兼 CEO 雷军在抖音直播首秀，2 小时便突破亿元。截至 2020 年 8 月 17 日早上 9 点，雷军抖音直播首秀总成交额已达到 2.1 亿元，观看人数达到 5053 万，这也创下了抖音直播带货的纪录。小米粉丝众多，庞大的在线人数是他直播首秀成功的保障和前提。

2020 年 8 月 16 日晚，他亲自挑选 20 件好物，展示出 10 年来小米以及小米生态链企业在产品上的硬实力。小米 10 至尊纪念版、RedmiK30 至尊纪念版及 Redmi 智能电视 MAX98 分列三甲。

随着“8·16”雷军抖音直播秀的结束，小米十周年的系列庆典活动也宣告完美收官。从官方发布的信息来看，小米在线上和线下都取得了突破性的成绩。在小米十周年庆典活动中，Redmi 智能电视 MAX98 单日销量突破 1660 台，成为明星产品。

二、人气指标：互动数量

人气指标对应直播间的互动数量。互动指的是用户在直播间的评论区发起评论或参与直播间设置的话题。互动数量是直播间人气活跃程度的核心指标，越是交互活跃的直播间，意味着用户对直播内容的参与程度越高。

（一）粉丝互动率

粉丝互动率即粉丝互动人数与粉丝 UV 之比。粉丝互动率的数据代表观看直播的粉丝中，和主播产生互动的频繁程度，可以是点赞、评论、转发等任意互动行为。此数据指标低的话，说明直播没有调动粉丝的积极性，需要主播团队考虑更有创新的玩法和互动。

（二）转粉率

转粉率即新增粉丝数与路人观看数（观看人数减去粉丝回访数）之比。一个陌生用户，从进入直播间到最后购买的路径是：进入直播间—观看—感兴趣—关注—购买，所以直播的转粉率是衡量一场直播是否做得好的指标。提高转粉率主要是通过激励或者互动来提醒用户关注直播间。3 个月内的新人主播，直播间的转粉率通常在 1%～5%，这是相对正常的数据。比率偏低说明直播做得不够好，有待改进；比率过高容易被官方判定为刷粉的行为，对直播间信用会有一定的影响。非新人主播的转粉率一般维持在 4%～6%，这是比较理想的状态。

转粉率和销售转化率是对主播直播间内容质量考核的两个非常重要的指标，转粉率和销售转化率高的直播间也会吸引更多的公域流量。

互动数量要从两个维度展开分析：新用户互动量和老用户互动量。

1. 新用户互动量

新用户互动量代表新用户进入直播间后，对直播中的内容产生兴趣，并受内容吸引参与其中。部分新用户的停留可能是猎奇，而能参与互动的新用户，通常被定义为直播间的优质用户。新用户的互动量决定了直播间能转化多少新用户成为老用户。

2. 老用户互动量

如果老用户除了能持续地观看某直播间的每一场直播之外，还能对每场直播的内容保持互动参与，代表老用户已经成为该直播间的粉丝。部分老用户回来观看可能是由于习惯，所以能持续参与互动的老用户，是直播间的优质粉丝。老用户的互动量多少决定了直播间的氛围好坏，越是好的互动氛围，直播间留下新用户的概率就越大。

三、转化指标：成交单量

成交单量是考核直播电商转化的核心指标，代表直播内容和电商销售达成了统一。结合流量指标和人气指标，成交单量要从以下两个维度展开分析。

1. 成交单量与在线人数

直播间用户的精准程度可以用数值来衡量，即：

直播间用户的精准程度=成交单量/在线人数×100%

数值越低，精准程度越低，如果用户不精准，那么直播间就难以达成电商的销售转化。通常来说，每场直播精准程度数值都低于 3%意味着数值偏低，如 1000 人在线至少要达成 30 单成交。

2. 成交单量与互动数量

直播间产品的内容策划质量同样可以用数值来衡量，即直播间产品的内容策划质量=成交单量/评论数据×100%。数值越低，代表策划质量越低。用户已经参与评论互动，但没有下单意愿，那么直播间就应当进行内容的调整。通常来说，直播间产品的内容策划质量数值每场直播都低于 5%意味着数值偏低。例如，1000 条评论至少要达成 50 单成交量。

任务二　直播电商的效果判断标准

直播电商的效果没有唯一性判断标准，一切都与直播前设定的目标有关系，结合上文的数据指标和企业参与直播电商的目标，大体上可以分为三个情况对效果进行判断：品牌曝光、用户感受和转化成交。

一、品牌曝光

直播的过程也是不断向用户传播内容的过程，因此直播可以成为企业或个人宣传产品和传播品牌的渠道。直播间的在线人数越多，代表内容的覆盖面越广，企业的产品和品牌可以植入在直播内容中，实现品牌曝光的需求。该标准主要考验的是直播间的流量指标（在线人数），只要流量指标达标，那么该场直播就可以认为是成功的。

二、用户感受

单纯观看直播的用户和喜欢直播间主播的粉丝最大的区别在于粉丝对主播是有情感信任

的。直播过程是企业或个人建立用户情感信任的机会，因此，直播可以成为企业或个人获得粉丝的渠道。直播间的互动越活跃，代表直播间出镜的主播与用户之间产生情感信任的概率越大。该标准主要考验的是直播间的人气指标，即互动数量，只要互动数量足够且其中老用户互动量占比达 20%以上，那么该场直播就可以认为是成功的。

【课堂小贴士】

护肤品、保健品等商品，是消费者在使用后或交易后也无法清楚和验证其质量的一类商品，需要商家通过各种方式来增加消费者对于商品的信任度，如请知名人士代言、展示用户使用评价、提供专家报告。

三、转化成交

直播电商产品的销售转化，让直播的粉丝变成产品的客户，实现了从观看直播的用户、喜欢主播的粉丝到体验产品的客户的过程转变。在直播的过程中，用户和粉丝都是对直播内容的“消费”，而产品达成销售并送到他们手上进行体验的时候，代表从内容消费转向产品消费。该标准主要考验的是直播间的转化指标即成交单量，成交单量高，代表直播间的内容真正帮助了产品的销售转化，那么该场直播就可以认为是成功的。

例如，2019 年上半年红人直播带货持续火爆，各路明星纷纷入驻直播平台直播卖货，销量惊人。天猫“双 11”全天，淘宝直播带来的成交量接近 200 亿元，超过 10 个直播间引导成交过亿元。图 7-1 所示为 2019 年上半年中国网民对直播电商的转化率城市分布统计，艾媒数据显示，2019 年上半年中国三、四线城市及县城网民对直播电商的转化率最高，达 46.1%；其次为村镇，转化率为 39.9%。

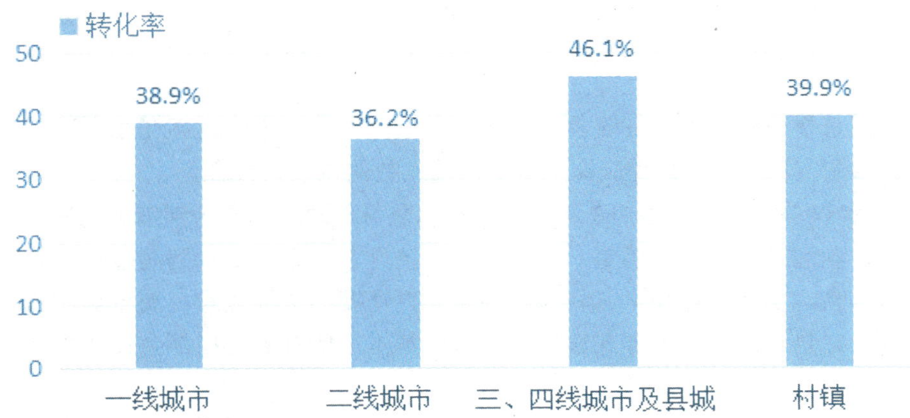

图 7-1　2019 年上半年中国网民对直播电商的转化率城市分布统计

任务三　直播电商复盘及改进

结合直播电商的效果评估指标和效果判断标准，我们可以从流量指标、人气指标和转化指标三个方面对直播电商进行复盘以及改进。

一、流量指标的复盘及改进

流量指标复盘结果不佳的原因通常为以下两种情况：在线人数少和在线人数不稳定。

（一）在线人数少

直播间长期停留在 100 人以内的在线人数可以判定为在线人数少。随着在线人数的提高，引流策略可以通过平台工具进行操作，但更主要的是受留存策略的影响。

改进策略如下。

（1）优化直播场景中的背景标示；

（2）调整直播出镜主播的话术引导；

（3）强调对新用户的关注，及时地与进入直播间的新用户进行互动，让新用户有参与感。

如图 7-2 所示为直播间互动抽奖活动，据图可知主播团队设置了只有在关注主播后才有中奖的可能，最后不仅将奖品送出去了，也引导了粉丝来关注，增加了在线人数。

一般直播间抽奖的常规做法是在公屏里面扣“666”或者在公屏里面扣一个主播提出的特定“暗号”，然后截图，截图截到的账号名即代表中奖者。

不管是在直播间送福利还是抽奖，主播做的任何动作都必须对直播间流量以及转化有价值并起到促进作用。

另外，不同直播平台因为公域流量和私域流量占比不同，因此提高在线人数的方法也是有所区别的，以淘宝直播为例，提高淘宝直播在线人数的方法有很多。

（1）生意参谋功能截图如图 7-3 所示，主播团队可以随时掌握店铺销量及进销存管理，做到账务明细，利润结算，一步搞定。根据淘宝直播排名规则，观看到淘宝直播的观众会影响淘宝直播的排名，那么主播和卖家将引导买家在直播期间进行观看。淘宝直播的主播一般会采取送福利、红包、优惠券等方式来吸引买家，基本上所有的主播都会设计福利链接，并尽可能地形成自己的风格和创意。

（2）淘宝直播的观众数量也会影响排名，那么主播和卖家应该学会吸粉，学会播出前进行宣传活动。淘宝直播是阿里巴巴推出的直播平台，定位于“消费类直播”，用户可“边看边买”，涵盖的范围包括母婴、美妆、潮搭、美食、运动健身等。

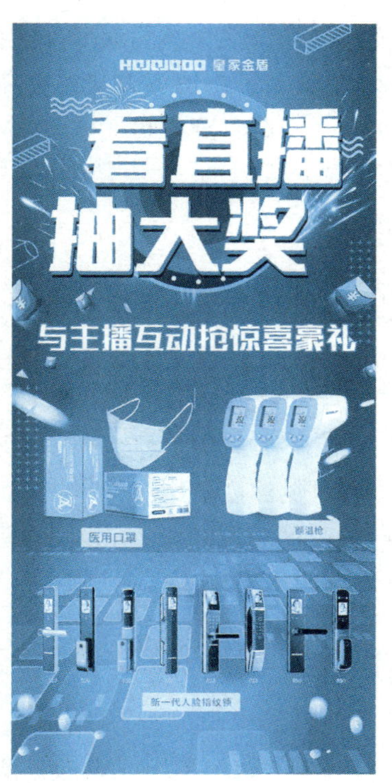

图 7-2　直播间互动抽奖活动

图 7-3　生意参谋功能截图

（3）巧妙利用淘宝直播时段，错开直播大腕的巅峰，选择直播少的时段增加人气，先冲上排名，然后再去吸引更多粉丝，粉丝多了自然可以获得更高的排名。

（4）最重要的一点，引导买家去商店收藏宝贝、购买宝贝，淘宝直播不同于其他直播平台，淘宝直播最重要的目的就是销售商品。

（二）在线人数不稳定

直播间的在线人数中老用户的比例是在线人数稳定的保障，因此要确保老用户能持续地回来看直播。

改进策略如下。

（1）固定开播时间，让老用户养成观看习惯；

（2）强化直播预告，提高初次看直播的新用户转化成老用户的概率；

（3）进行社群运营，运营人员通过私信的方式，逐步引导老用户添加运营人员的微信，组建粉丝社群，方便老用户在直播期间可以快速进入直播间。

二、人气指标的复盘及改进

人气指标复盘结果不佳的原因通常为新、老用户互动量低。

（一）新用户互动量低

直播间的新用户在进入直播间后，没有退出直播间，但是也没有参与评论互动，意味着新用户互动量低。

改进策略如下。

（1）强化直播间运营人员的互动引导，让进入直播间的新用户可以快速找到参与直播互动的方式；

（2）调整直播间的游戏或玩法，避免新用户不知道如何参与互动中来。

很多时候，直播带货不是一蹴而就的，需要一个循序渐进的过程，让用户经历一个从陌生—熟悉—信任—购买的过程，而直播互动技巧在中间起到关键作用。直播互动技巧可以直接影响直播间的人气和最终转化率。直播互动技巧可直接影响直播间的氛围和人气，只有直播间有人气，才会有趣味；只有有趣味，游客才会停留。而粉丝在直播间进行停留，我们才有机会进行后续的成交转化。连麦是直播间互动的有效技巧之一，特别是和铁杆粉丝连麦，可以调动粉丝的积极性。

（二）老用户互动量低

老用户互动量低是指直播间的老用户回来观看后，大多没有参与评论互动。

改进策略如下。

（1）及时引导老用户观看直播，给予福利奖励，激励老用户参与互动；

（2）调整老用户的引流方式，避免吸引过多不喜欢评论的用户进入粉丝社群；

（3）运营人员充当老用户，引导评论互动。

另外，可以积极引导直播间的老用户加群。通过各种手段吸引粉丝进群，让不同的粉丝成为你的聊天好友，可以随时随地通知他们看直播。粉丝进群后一定要进行维护，很多主播建立了粉丝群但不会维护，导致粉丝流失；所以粉丝进群后，一定要做好粉丝维护，让粉丝快速融入以主播为中心的大家庭。主播要给到粉丝一定的优越感与存在感，如给刷礼物的老用户授予更高的等级，平台之所以进行青铜、白银、黄金等粉丝层级划分就是为了刺激粉丝进行消费。

三、转化指标的复盘及改进

转化指标主要复盘两个核心数据：成交率和退货率。

（一）成交率

成交率的计算方法：产品上架后的成交单量/当时段直播间人数×100%。

成交率直接反映选品策略是否正确，如果直播电商成交率持续走低，且持续保持在 10%以内，意味着选品和直播间的用户匹配度不高，需要进行调整。

改进策略如下。

（1）产品调整：重新分析直播间的用户数据，调整上架产品的选择或产品的外在属性，如产品的包装材料、产品亮点、产品价格等。在不同的节日中，像生日、纪念日或春节这类的特殊节日，除了要更加重视产品能够按时送达，还要留意用户收到产品时对于产品品质的反馈。所以多花点心思将产品包装得美观且富有创意，会让顾客对企业的服务更加满意。

（2）价格调整：重新分析在产品价格上是否已经做好价格保护，或调整产品组合策略，进行差异化定价。

（3）转化策略调整：在活动策划上要强化互动的元素，不要让用户在直播间只成为看戏的观众。

（二）退货率

直播电商退货率的计算方法：退换单数/成交单数×100%。

直播电商行业由于存在冲动消费的因素，一般情况下退货率高达 30%～50%。

通常来说，企业的目标是将非质量问题的退货率控制在 20%以内。退货率直接影响企业的毛利率，退货回来的产品变成库存，不利于企业的资金周转。

在直播电商行业中，消费者大多是出于信任主播和冲动欲望来购买直播产品的，而想要赢得粉丝的长期信任，电商主播必须对自己所宣传的产品负责。

直播供应链不仅要保证送货及时，还要保证产品质量。电商带货的客户群体大都是网红的粉丝，靠的是粉丝效应以及口碑，一旦产品出现质量问题，口碑下降，很容易流失粉丝，导致销量下滑。因此，直播电商供应链需要保证粉丝只会因为款式和大小等非质量问题的退换货，而不能因为质量问题退换货。

2019 年 11 月 1 日国家广播电视总局发布通知，明确要求“双十一”期间，必须加强规范网络视听电商直播节目，要求用语文明、规范，不得夸大其词，不得欺诈和误导消费者，同时表示电商直播中的广告宣传也要讲导向，切实增强政治意识、导向意识、责任意识和法律意识。

各直播平台退货的投诉情况如表 7-1 所示，在黑猫投诉平台上搜索统计关于直播退货的投诉。分别搜索“电商直播退货”“网红直播退货”“直播带货退货”“直播退货”四个关键词，以用户购买平台和投诉原因两个维度为标准，通过关键词搜索，可以得出近 600 条投诉，删除重复的投诉，最终的统计数据为快手与淘宝的投诉最多。

表 7-1　各直播平台退货的投诉情况

关键词	平台			
	快手/有赞	淘宝	抖音	其他
电商直播退货	14	—	3	1
网红直播退货	5	5	—	—
直播带货退货	6	2	—	13
直播退货	139	95	13	113
总计	164	102	16	127

注：①其他平台包含除快手、抖音、淘宝外的所有投诉平台；②有赞很多投诉是消费者从快手直播间链接过去的，故将快手和有赞的投诉放在一起统计。

改进策略如下。

（1）话术调整：注意引导技巧，检查是否在直播内容上出现了过度引导的情况。

（2）体验调整：对发货和客服等跟用户息息相关的细节工作进行优化。

（3）产品调整：重新分析直播间的用户数据，调整上架产品的选择或产品的外在属性（包装材料、亮点、价格）。直播带货是向用户推广、推销自己的产品，是以用户为中心而展开的。所以，直播电商必须在直播带货中弄清用户的喜好和消费需求，清楚直播间的粉丝用户画像。作为新手主播，一般从自己的账号定位出发，分析账号的用户画像，选择与账号定位相关的产品。当主播做大直播后，可以从垂直领域的产品逐渐向多品类产品展开，扩大选品的范围。

（4）价格调整：思考是否在产品价格上没做好价格保护，或需要调整产品组合策略，进行差异化定价。为了突出直播带货产品的优势，一般可以选择挑选一系列的不知名的产品进行对比，来刺激消费促进成交。

（5）转化策略调整：活动策划上要强化互动的元素，不要让用户在直播间成为看戏的观众。直播带货如果只是简单地跟大家介绍产品，用户不一定会下单购买。主播需要熟悉各种直播带货的策略，才能更好地刺激用户的消费欲望。在直播带货中，主播最常用的带货策略就是抽奖及发放优惠券。在直播带货中，用户的从众心理非常严重，很多人其实是跟风购买产品。针对这一消费特点，主播进行抽奖环节实际上是为了迅速提高直播间的活跃度，吸引更多用户参与其中。只有用户能参与其中，才会有观看直播的想法。这时，再利用一些直播引导话术，就会比较容易地留住用户继续观看主播介绍的产品。发放优惠券的目的是让用户降低心理门槛，营造一种买到就是赚到的氛围。

项目小结

不同的直播电商平台有不同的数据指标，但从直播电商的本质出发，通用的评估指标主要有三个：流量指标、人气指标和转化指标。在线人数是直播间流量的核心指标，不同的直播平台有不同的评价指标，但最值得关注的代表流量的指标就是在线人数。互动数量是直播间人气活跃程度的核心指标，越是交互活跃的直播间，代表用户对直播内容的参与程度就越高。成交单量是考核直播电商转化的核心指标，代表直播内容和电商销售达成了统一。

直播电商的效果并不存在唯一的判断标准，一切都与直播前设定的目标有关系，大体上可以分为三个情况对直播电商的效果进行判断：品牌曝光、用户感受和转化成交。以结果为导向是直播电商实施过程中应该具备的思维，但直播电商的结果并不是唯一的。因此，如果追求让更多用户看到我们的直播，那么应该从内容上设定目标；如果追求让更多的产品达成销售，那么应该从产品和销售策略上做更多功课。

结合直播电商的效果评估指标和效果判断标准，我们可以从流量指标、人气指标和转化指标三个方面对直播电商进行复盘以及改进。流量指标方面的问题主要是在线人数低和在线人数不稳定。人气指标方面的问题主要是新用户互动量少以及老用户互动量少。转化指标方面的问题主要是成交率低和退货率高的问题。通过这些数据可以对直播电商效果进行及时复盘和改进。

项目检测

一、单项选择题

1．老用户互动量低的改进措施不包括（　　）。

A．及时引导老用户观看直播，给予福利奖励，刺激老用户参与互动

B．调整老用户的引流方式，避免吸引过多不喜欢评论的用户进入粉丝社群

C．运营人员充当老用户，引导评论互动

D．给老用户发私信，使其积极参与互动

2．根据调查，以下哪类网民对直播电商的转化率最高（　　）。

A．一线城市　　B．二线城市

C．三、四线城市及县城　　D．村镇

3．一般来说，直播电商的效果判断标准不包括（　　）。

A．品牌曝光　　B．用户感受

C．成交转化　　D．在线观看人数

二、判断题

1．从直播电商的本质出发，通用的评估指标主要有流量指标、人气指标和转化指标。（　　）

2．转化指标主要复盘一个核心数据——成交率。（　　）

3．国家对直播电商只要求符合政治要求。（　　）

三、思考题

1．如何评价一场带货直播的效果？

2．直播电商的转化指标都有哪些？

3．如何从品牌曝光角度判断直播电商的效果？

4．如果一场直播在线人数低，应该如何改进？

四、案例分析题

肃宁聚力打造中国北方直播电商产业中心

2022 年 5 月 20 日，中国肃宁“电商兴县”战略发布仪式在河北省肃宁县科创中心举行。肃宁县依托创新赋能中心，整合平台、政策、人才、品牌、数字、科技、创意、产业、商业、资本，聚力打造中国北方直播电商产业中心。

中国北方直播电商产业中心面积 8200 平方米，设有十大特色产业直播间，搭建有肃宁县优选产品供应链中心，吸纳全县 1000 种以上产品入驻，为全国主播提供优质肃宁产品；设立中国直播电商产业大会供应链（肃宁）选品中心，吸纳全国 3 万多种产品入驻，为广大主播提供全国优质产品；设立电商人才培训中心，提供针对性培训计划，年计划培养人才 5000 人。

近年来，肃宁县电商产业蓬勃发展，全县在 1688、淘宝网、天猫商城等电商平台注册商户 3 万多家，年发单量超 1.1 亿单，全县电商年销售额 150 亿元，从业人数达 3 万多人，带动就业 8 万多人。全县先后有 19 个村被评为“中国淘宝村”、9 个乡镇都被评为“中国淘宝镇”，是全国首批实现全域“淘宝镇”的县，抖音、快手直播平台注册人数也位居全省前列。

今年以来，肃宁县提出“电商兴县”战略，围绕“聚、融、促”工作思路，构建具有肃宁特色的“电商+产业”“直播+产业”融合发展之路，努力打造中国北方直播电商产业中心。做好“聚”的文章，通过成立直播电商培训中心，培养本地主播；设立肃宁十大产业直播电商供应链产品优选中心和中国直播电商产业大会优选供应链肃宁中心，集聚本地和全国产品；建设一批直播基地和孵化基地，实现人、货、场在肃宁的聚集。做好“融”的文章，让电商和产业、主播和产品在线上和线下深度融合，充分发展，努力实现肃宁“播全国、卖全国”目标。做好“促”的文章，以直播促进销售、以销售促进生产、以生产促进传统产业转型升级，实现富民、兴业、强县。

（资料来源：沧州肃宁聚力打造中国北方直播电商产业中心．人民网——金台资讯，2022年5月21日．https://baijiahao.baidu.com/s?id=1733436546115417033&wfr=spider&for=pc．）

项目实训

为了提高对各直播平台的直播效果进行综合评判的能力，我们将进行下述实训操作。

【实训目标】

1．掌握直播电商效果评估的指标；

2．掌握直播电商的复盘改进方法；

3．理解直播电商效果的实质。

【实训内容】

结合项目五的实训操作与本章内容，对直播电商效果进行综合评估，给出复盘改进意见。

【实训要求】

1．具体通过流量指标、人气指标和转化指标量化直播效果数据；

2．通过复盘改进建议能够实质性地提高直播电商的效果。

项目八　直播电商的风险与防范

【学习目标】

【知识目标】

1. 理解直播电商风险的定义；
2. 了解直播电商风险的主要类型；
3. 了解直播电商风险的主要特征。

【技能目标】

1. 掌握直播电商的风险管理流程；
2. 熟悉直播电商中不同主体的风险防范措施。

【素质目标】

1. 树立遵守国家法律法规的意识；
2. 深化对依法治国的理解，提高法治道德修养。

【导入案例】

直播带货“翻车”赔款百万

2020 年 5 月 15 日，罗某团队在直播间上架了互联网鲜花平台的“520 情人节玫瑰礼盒”，吸引了不少网友前来购买。不料，在接下来的几天里却因鲜花干枯、发黑、未按时送达等问题接到了许多投诉。

2020 年 5 月 20 日，罗某和鲜花平台的官方微博分别发布了致歉声明和补偿措施。罗某及其团队以带货主播的身份表示除了按原价赔偿，再补一份现金赔偿给所有在其直播间下单的用户，涉及赔偿金额为人民币 100 多万元。

直播带货作为一种新的销售渠道，逐渐吸引了越来越多的达人商家开始加入其中。然而直播带货的各方负面信息还是比较多，根据《6·18 消费维权舆情分析报告》，直播带货的“槽点”主要集中在五个方面：直播带货商家未能充分履行证照信息公示义务；部分主播特别是“明星主播”在直播带货过程中涉嫌存在宣传产品功效或使用极限词等违规宣传问题；产品质量货不对版，平台主播向网民兜售“三无”产品、假冒伪劣商品等；直播刷粉丝数据、销售量刷单造假“杀雏”；售后服务难保障；等等。

思考题：

1．在直播电商中，除了产品质量，还有哪些潜在风险？

2．在直播电商中，可以采取哪些措施进行风险管理？

作为一种新的销售模式，直播电商为广大网民营造了新颖而刺激的购物体验，但乱象丛生也是客观现状，“翻车”事件不时出现，大大降低了用户的购物体验。直播电商要想避免或减少事故的发生，必须要做好准备工作，要通过风险识别、评估、控制和监控来降低事故的出现率，从而让直播电商得到更好发展。

任务一　直播电商风险概述

近年来，直播电商凭借即时性、互动性和趣味性等特点迎来了井喷式增长，为沉寂的消费市场注入了强大活力。相对于传统电商，直播电商具有直观性、实时性的优势，能让消费者更直接地看到商品的各方面特性，通过实时的交互渠道让用户感知切身服务，并快速响应用户需求。然而，直播售假、质量“翻车”、售后维权难等问题仍频频发生，反映了直播电商存在的某些风险。

一、直播电商风险的概念

现代经济学中一般将风险定义为“事件或经济结果的不确定性”。假如某种行为具有不确定性，则该行为就存在风险。

直播电商的风险是指在直播环境下，某种损失发生的可能性。由于直播电商具有群体效应和双向强互动的特点，这就使直播电商的风险性比以广播电视为代表的传统媒体更强。

二、直播电商风险的特征

直播电商作为时下最热门的销售模式之一，满足了商家的推广、传播、销售需求和消费者的购物、娱乐需求，受到广泛欢迎。但在直播电商行业背后也蕴藏着一定的风险，直播电商中的风险呈现出客观存在性、不可控性、可预防性、成本高、用户黏性低、同质化严重的特征。

（一）客观存在性

任何事物都存在两面性，事物的风险是客观存在的，是不以人的意志为转移的。在直播活动进行过程中，由于内外部事物发展的不确定性是客观存在的，因而风险也必然是客观存在的。其风险存在于直播的整个过程中，包括直播前期的品类选择、产品议价，直播现场的嘉宾反应、推销话术，直播后期的团队分成、退换售后等。因此，面对环节复杂的直播电商，主播需要厘清流程，保持较高的预警意识。

（二）不可控性

任何活动在实施和进行的过程中，都面临着各种各样的不可控因素，直播与微博、微信等相比，其最大的不同在于实时沟通性和高强度互动性。直播作为实时呈现的传播媒介，主播的一言一行都能被围观和放大，成为弹幕讨论的话题素材。而直播弹幕作为流式实时数据，具有较高的不可控性。有感染力的主播，其直播间的群体效应较强，消费者容易产生冲动消费，但也有可能导致高退货率，并且退货消费者的负面消费体验会导致直播存在舆论风险，这种突发状况极大考验了主播的现场随机应变能力。

（三）可预防性

所谓控制，是指可以通过适当的技术或行为措施来预测风险并且规避风险，或控制因风险发生导致的不利影响的程度。对于风险的预测可以根据过去的统计资料，利用定性或定量的方法来判断其发生的概率以及造成不利影响的程度。但由于不可控因素的存在，这种预测结果可能会与实际结果存在一定的偏差。在直播电商中，我们可以通过实时的评论和弹幕的反馈来加强对风险的可控性管理，做好直播前的准备工作。

（四）成本高

直播电商带货虽火，但商家流水高、赚钱少，究其原因是佣金成本、供应链磨合成本、退货成本高等造成的。根据电商生态圈的非典型金字塔生态，带货能力强的网红粉丝量高，但粉丝量大的网红带货能力未必强，高流量的头部主播和网红，同时也为商家带来了佣金成本高、变现能力低的风险。并且在直播前期，电商都有一个供应链磨合的阶段，如何选品、商品的售罄率等都很难控制，试错成本很高，供应端的损耗巨大。

直播电商的另一个较高成本是退货，一般的直播退货率在 50%～60%，不同的商品退货情况不一样，如男装的退货率比女装低很多。高退货率导致了后期运营成本的提高，整个售后、物流、仓储、拣货、验货系统的成本都会上升，并且高退货率最终会演变为库存的积压和商家品牌形象的下降，对商家有着较大的不利影响。

（五）用户黏性低

网络直播受众面相对较窄，直播平台长期社交关系的构建需要进一步完善，维系粉丝黏性和引导消费的成本较高，转化率有待提高。有些直播平台存在形式单一、粗制滥造的现象，这很难吸引粉丝，平台与粉丝很难形成稳定的社交关系。同时，直播电商会随着电商行业的季节性而起伏，出现浏览的低谷期。在经历“双十一”“双十二”后，用户的购买力被大大透支，直播间的浏览量下滑，随之而来的就是用户流失，之前直播中累积的用户黏性逐渐减弱。

（六）同质化严重

从本质上来说，粉丝经济属于眼球经济、注意力经济，其特征是门槛低、同质化竞争激烈，而直播电商走向粉丝经济的过程也逐步进入了同质化竞争。当下直播电商平台的内容主要在美妆、服装搭配、试穿试戴等方面，内容单一且同质化严重，重复推荐同类产品，使用相似推荐方式甚至话术，大量同质化的直播密集出现，这些问题会导致用户的审美疲劳和粉丝经济的生命周期缩短。如果没有足够好的内容，不能给用户提供有价值的信息，则很难在平台上留住客户，也就没有良好的转化率。导致电商平台直播内容单一化的主要原因包括电商平台的性质、主播的专业程度、内容的审核机制、品牌的引导和运营等。

三、直播电商风险的类别

在直播电商蓬勃发展的同时，直播电商这种新型销售模式也面临着一定的挑战。品牌商、直播电商平台、主播等均在不同程度上面临法律、内容、产品、商业模式、供应链和售后风险。由于直播是将现场情况直接呈现在大众面前，没有剪辑与后期加工，其直播过程中蕴藏着较大的风险。

一般而言，直播电商常见的风险有以下几类。

（一）法律风险

直播电商存在版权问题。直播中较常见的一类版权风险为音乐版权的侵权，大多数主播在直播过程中一般都会演唱或翻唱一些音乐作品，一般不会对所采用音乐进行作品及作者的署名，这存在一定的侵权隐患，其带来的侵权风险容易被主播和直播平台忽视。《中华人民共和国著作权法》第十条规定，著作权人享有署名的权利，第二十二条规定，即便在合理使用的情况下使用作品，可以不经著作权人许可，不向其支付报酬，但应当指明作者姓名、作品名称，并且不得侵犯著作权人依照本法享有的其他权利。还有第三十七条规定，使用他人作品演出，表演者应当取得著作权人许可，并支付报酬。

直播中还存在隐私侵权，它是指利用网络直播不合理地获取、公开他人姓名、肖像等个人信息，或者通过网络直播扰乱他人安宁。与一般隐私风险对比，直播中的隐私风险具有自我披露性、高传播性、对象的公开性和广泛性、危害后果的严重性和物质性、责任追究的复杂性等特征。隐私权是一种掌握在权利人自己手中的控制权，主播在公共领域或隐私场所进行直播，未经权利人许可，将权利人肖像、家居场景、生活细节等对外公开均属于一种违法、违规行为。

【课堂小贴士】

《2022 年网民网络安全感满意度调查活动总报告》显示，2022 年网络安全感满意度指数为 73.399，属于中等偏上较好的水平。按旧版口径统计的满意度指数是 73.469，和去年相比上升了 0.047。网民对网络诈骗投诉处理的满意度评价在原来较高的水平上有了进一步的提高。表示较满意或非常满意的占 55.77%，表示较不满意或非常不满意的占 10.72%。和去年相比，满意方面的评价上升了 6.18 个百分点，不满意方 面的评价下降了 1.39 个百分点。显示网民对投诉的满意度评价在原来较高的水平上有了进一步的提高。相关的行业专家们也指出，近年来的确存在一些互联网公司及其 App 收集的信息与其所提供的服务并不相关。部分企业超出用户授权范围使用个人信息，包括进行商业推广、大数据“杀熟”，甚至未经授权将其所掌握的个人信息提供给其他企业，有的甚至被用于电话营销或网络诈骗。

（资料来源：2022 年全国网民网络安全感满意度调查统计总报告. 前途科技，2022 年 12 月 20 日．https://accesspath.com/report/5803793．）

（二）内容风险

相较于传统线上的图文介绍，直播对消费者有更直观的冲击力，即“好内容+好商品”造就了“好直播”，但在打造“好内容”的同时也带来了一些不合法现象，同质化直播内容的出现，致使直播平台产生内容运营风险。如果对推广信息不加以控制，导致广告泛滥、内容低俗，将会造成平台用户体验大打折扣。在内容为王的时代，一些低俗的内容或许在短时间内可以引来用户的关注，但是从长远发展来看，不仅存在着巨大的法律风险，也不利于直播电商的长期发展。据不完全统计，2019 年曾有上千款应用或服务因为内容安全问题而遭遇下架等关停整改，其业务发展遭受了巨大损失。

早在 2016 年，百度、新浪、搜狐等 20 余家直播平台就联手共同发布了《北京网络直播行业自律公约》，承诺网络直播房间必须标识水印，内容存储时间不少于 15 天备查，所有主播必须实名认证，审核人员对平台上的直播内容进行 24 小时实时监管。另外，在直播现场中，粉丝群体发布的弹幕也需要进行严格现场管理，可以设置“房管”进行监督，这样既可有效防止大量弹幕影响用户体验，也可加强对弹幕中的内容审核，一旦发现利用弹幕肆意发布低俗内容等，审核人员有权直接禁止其发言。

（三）产品风险

价格和质量一直都是消费者选择商品的两个重要因素。直播电商中的实时互动很容易激发“羊群效应”，如价格优惠虽然很容易刺激用户消费，但也极易诱发直播电商中与产品相关的两大风险：商品价格风险和商品质量风险。

1. 商品价格风险

主播们经常会强调商品原价与折扣价之间的幅度。在直播中，原价一般指商品上市之日的原厂售价，即出厂标价。但这个价格很有可能会标得虚高，从而使折扣力度显得很大，而依据我国国家发展和改革委员会发布的《禁止价格欺诈行为的规定》的有关条款规定，“原价”是指经营者在本次促销活动前七日内在本交易场所成交，有交易票据的最低交易价格；如果前七日内没有交易，以本次促销活动前最后一次交易价格作为原价。

在直播电商实践中，不少主播存在“虚构原价”等问题，尤其是一些中小主播，由于其自身议价能力没有行业龙头主播强，很难真正拿到折扣力度很大的商品。

2．商品质量风险

商品质量风险包括外在质量和内在质量，外在质量指商品的造型、工艺、色彩等，内在质量指商品的性能、使用的安全性等。商品质量的优劣是消费者购物的第一原则，而消费者选择直播购物的最主要原因是想要通过直播了解某一商品的详细信息和活动优惠信息。

但直播的实时互动、名人主播的“亲鉴好用”并不能保证商品的质量，涉嫌销售假冒商品是直播电商中最为常见的一个“翻车”原因。主播们以“买一赠一”“直接三折”“亲鉴好用”等噱头兜售名牌商品，极大地刺激了消费者的购买欲望，然而质量却参差不齐，直播电商中销售“三无”产品，如化妆品、食品、减肥药品的事件屡见不鲜，劣质产品和欺诈销售成为困扰直播电商健康发展的典型问题。

【课堂小贴士】

2020 年 5 月，广州市市场监管部门提出将进一步加大工业产品质量安全监管力度，严禁通过直播活动销售不符合保障人体健康和人身安全的国家标准、行业标准的产品，严禁销售掺杂、掺假，以次充好等假冒伪劣产品。并建议消费者在直播期间选购商品时认真查看商家资质，优先选择经营资质齐全、信誉好的电商平台和经营者，并做到理性消费。

案例 8-1

直播带货屡“翻车”，“质量”成消费者最大顾虑

2019 年 10 月 28 日，“网红”主播李某的“不粘锅”翻车事件曾引爆社交网络。李某在直播售卖某款“不粘锅”时，其助理将鸡蛋打入不粘锅后，鸡蛋却始终粘在锅底，“不粘锅”彻底变“粘锅”。虽然事后锅具公司回应称系“李某不会做饭，打鸡蛋的过程有误，锅没有问题”，但不少用户还是吐槽直播“垮了”。在 2019 年 10 月 30 日晚间，李某又一次在直播过程中，推荐倩碧小雏菊腮红，结果化妆效果显示如同被家暴，再一次翻车。坚持严选的李某连续两次翻车，让消费者在质疑产品质量的同时，也让李某长期努力打造的“营销之王”人设出现了裂痕。

产品立得住，营销才有意义。但在报酬不菲的合同诱惑下，不少“带货网红”都踏入了自己不熟悉的领域，在这种情况下，一旦他们选择伙伴不慎，碰到了“粘底的不粘锅”之类的产品，最终只能造成甲、乙双方双输的局面，无异于自毁长城。虽然这次事件充满了负面属性，但对于行业而言，却也起到了警醒的作用。作为行业标杆，李某用一次令人印象深刻的“翻车”，给所有同行留下了鲜明的警示。

（资料来源：上海市金山区司法局．网红直播带货频频翻车，出现问题谁来买单？法观察，2019 年 11 月 2 日．https://m.thepaper.cn/baijiahao_4858302．）

（四）商业模式风险

直播电商作为一种新的销售方式，直接将生产者和消费者连接，虽然减少了商品的流通环节和交易成本，但可能会产生一定的商业风险。

1．头部网红高额的佣金费率，间接提高了直播电商的交易成本

头部网红为了提高销量、维护粉丝关系会向品牌商要求产品的最低价，持续的最低价会造成产品价格体系混乱和消费者的审美疲劳，难以长期形成品效合一的优势。而相较于头部主播，腰部主播和新人主播的专业度、带货能力、影响力和曝光量却又相对有限。因此，如何利用好直播电商这个销售渠道，协同不同渠道之间的促销力度、定价方式、设计更加丰富的宣传方式是品牌方必须思考的问题。

2．包括品牌方自己在内，都需要考虑网红主播的孵化、培养和管理

零经验、无团队的新人主播很难带来较高的流量，而主播的知名度和影响力一旦提高，势必会和平台机构博弈，如何在模式层面与法律层面维系平台机构与主播的关系是直播带货长远发展需要考虑的问题。

（五）供应链风险

一般直播供应链包括：品牌定位—定款—定数量—定价—直播—发货—售后。如果品牌方不能为消费者提供快速的品牌供应，会极大地降低消费者的满意度，而快速响应对于供应链的体量、生产能力、发货能力、物流速度等都提出了较高的要求。因此，主播在直播之前其团队会先进行直播销量的预测，但如果把直播销量预测过高，大量库存会造成巨大的资金压力，因此存在供应链风险。

（六）售后风险

在直播低价的促使下，消费者容易被激起购物冲动，从而带来了因产品质量、尺寸大小等因素造成退换货的售后问题。对于售后问题，品牌方和直播团队需要有便捷的处理流程，以确保消费者获得更好的售后体验。特别是对于水果、海鲜等非标产品，相对而言难以监控产品质量，常常会出现直播样品质量好，而实际发货商品质量差的情况，“货不对版”会影响品牌的形象。

任务二　直播电商的风险管理

20 世纪 30 年代的经济危机促进了风险管理思想的产生。为了应对各种风险，人们开始重视各类活动的风险管理，从而尽可能地控制或减少损失。当前，直播电商的热度与接受度有了较大提高，但隐藏在其中的风险问题仍不容忽视，需要以合理流程进行有效管理。

一、直播电商风险管理的内涵

直播电商的风险管理是基于互利共享的理念，对直播电商中的各个环节进行风险管理，通过风险管理意识的强化，建立健全风险管理体系，进而为直播电商中直播平台、电商平台、商家、消费者四大主体利益最大化提供切实保障。风险管理的相关机制并非一蹴而就，而是需要各大平台在直播过程中不断完善的。

二、直播电商风险管理的流程

目前还没有单独针对直播电商行业出台的风险管理流程体系，对此，借鉴较为成熟的企业风险管理流程，直播电商风险管理同样遵循以下五个基本步骤，图 8-1 所示为直播电商的风险管理流程。

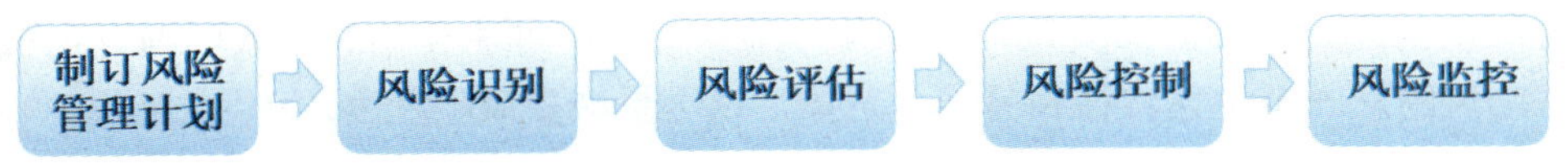

图 8-1　直播电商的风险管理流程

（一）制订风险管理计划

风险管理计划是风险管理说明书的组成部分，包括对直播电商的整体商业环境和项目本身的所有风险进行记录，如版权风险、隐私风险、内容风险、产品风险和支付风险，重点是制定风险管理的目标，其作为风险管理全过程的指导性文件，需要说明每个过程是如何开展风险研究和具体分工安排的。

（二）风险识别

风险识别是在问题发生之前识别引起风险的主要因素，同时对风险进行描述，解释风险事件是什么，风险会以怎样的形式发生，风险发生的原因以及可能导致的后果。在风险识别中，较常用的两种方法分别为：风险分析调查表和事故树分析法。

风险分析调查表是风险管理人员及有关的专家学者，基于对可能遭受的相关风险进行详细调查与分析，并编制调查表以供企业参考的一种方法。

事故树分析（Fault Tree Analysis，FTA）方法，又称故障树分析法，是对可能引起损失的事故进行研究，并探究其原因和结果的一种方法。使用事故树分析方法可以帮助风险管理人员发现或识别促成直播事故的潜在风险因素，计算事故的发生概率，对事故造成的后果进行模拟预测，并采取相应的防范及应急措施，以此来降低事故发生的概率及产生的危害。

（三）风险评估

风险评估就是在风险识别工作结束后，运用适当的风险测量方法、工具来确定风险的大小与等级。该过程的主要包括以下内容。

（1）识别直播电商中面临的各种风险；

（2）评估每种风险的概率和可能带来的负面影响；

（3）确定组织承受风险的能力大小；

（4）确定风险消减和控制的优先等级，即需要将风险数据转化为与直播电商风险相关的决策支持信息，并进行风险排序。

（四）风险控制

风险控制需要以风险评估的结果为依据，选择采用哪种形式保护消费者，从而更好地减少或消除风险所带来的损失，以达到企业可接受的水平。对于直播电商的风险控制可以通过风险识别机制来对直播过程潜在的风险进行预警，通过扩大技术支持范围、合规的用户约束、重视版权问题、做好产品质量筛查等预防工作来规避可能存在的事故问题。也可以通过一定方法将风险从一个主体转移到另一个主体，以尽量减少风险程度。

（五）风险监控

基于系统控制论观点，监控实质上就是对风险分析效果进行反馈。直播电商中有些情况确实是无法预估的，各种风险也不可能是一成不变的。对此，电商平台和直播平台需要根据常规管理经验和实际出现的问题，逐步探索出一套成熟的平台治理和消费者保护体系。

直播电商中的风险是客观存在的。例如，在“双十一”“双十二”等此类重要活动开展之前，直播电商的各主体必须做好风险管理计划、风险识别以及舆情风险评估工作，实时加强对各类突发情况的监测和预警，及时发现问题，以保证直播电商销售的正常秩序，维护消费者的合法权益。

一旦出现风险，纠错机制也是不可或缺的，无论是品牌方、直播平台，还是主播个人，都要正视问题，积极纠正并致歉，表现出对问题负责到底的态度。另外，市场监管等各政府部门主体，需要积极承担其中的监管职责，同时加强部门协作与配合，共同规范和管理，促进直播电商新业态更好、更快地发展。

任务三　直播电商的风险防范措施

在“万物皆可直播”的时代，直播电商逐渐成为人们的一种习惯生活场域。但是，信息不对称、法律法规不完善等问题的存在使得直播带货存在一定的风险，未来直播电商的持续健康发展离不开消费者、主播、直播平台和商家等主体的共同努力。

一、直播电商中消费者的风险防范措施

在直播电商中，虽然直播带货的商品经过层层筛选和严格把关，但是如果不去改造上游商品生产环节和下游商品售后环节，则很难确保主播所带的商品就是用户真正看到的商品。一旦用户收货后发现商品质量有问题，维权便成为消费者面临的首要问题。

在购物网站独立第三方评价体系的制衡下，多数情况下消费者与商家都会通过协商得到比较好的效果。所以，当直播带货的商品确实存在质量问题时，消费者可以遵循购前预防、理性购买和购后积极维权的原则，尽量将损失降到最低。具体包括以下措施。

（一）售前及时保留相关证据

消费者在观看直播购物时，应及时保存相关证据，如可采用截屏、录像、保留带货主播承诺的文字或销售图片，包括商品价格折扣、弹幕留言等，一旦产生纠纷时，便于后续取证。

（二）减少冲动性购买

消费者在传统购物时多数是以“逛+搜”的方式寻找和锁定目标，还有一部分是无明确购物目标纯属消遣娱乐，较少的消费者是有明确购物目标的。其中目标不明确的消费者在购物时容易在受到外部刺激作用时而产生冲动性购买。直播电商通过“最低折扣”，加上主播富有诱惑力的语言，促使消费者极易产生购买冲动。对此，消费者在观看直播前，有必要拟定明确的消费目标，正确认识主播与商品之间的关系，加强对商品价格、质量等全方位了解，做到理性消费。

（三）采取积极的维权方式

消费者在收到商品尤其是贵重商品后，应该及时查验商品并用恰当的方式保留拆封包

装，若发现商品有质量问题，可及时与商家进行协商，同时申请平台介入处理。未协商一致的，可以结合自身具体情况，选择适当的法律法规作为维权依据。

积极的维权方式具体有以下几点。

（1）针对直播带货的产品存在缺陷或者瑕疵为由，依据《中华人民共和国侵权责任法》《中华人民共和国产品质量法》《中华人民共和国食品安全法》中的有关规定，主张侵权损害赔偿或者违约赔偿。

（2）针对卖家存在欺诈行为，依据《中华人民共和国消费者权益保护法》中的有关规定，寻求惩罚性赔偿。

（3）针对发布虚假广告，依据《中华人民共和国广告法》中的有关规定，向厂家或者商家、主播及平台索赔。

二、直播电商中主播的风险防范措施

直播的实时性是直播面临的最大风险，尽管在直播过程中，有些问题无法提前预测，但在直播中出现的部分问题还是可以通过事前准备来实现有效防范的。

（一）提前策划演练

凡事预则立，不预则废，直播应该是一场有准备的销售活动。在直播前需要进行活动筹划和准备，并对直播各环节的设置进行反复推演和模拟，防止直播时出现一些低级问题，如产品名称、品牌方、价格等错误，以免直播引发用户的不满。

（二）软硬件的配置与测试

直播需要有稳定的系统和优质的技术支持，影响直播销量的不仅是产品本身，还有整个直播过程是否流畅。为了达到最佳的直播效果，主播团队需要在直播前对所有相关软硬件进行反复排查与测试。一方面，需要熟悉直播软硬件的使用与配合；另一方面，需要对网站、服务器进行反复测试，避免出现流量太大而服务器瘫痪的现象。

（三）严格的产品选择与审核

直播行业已转向从“流量”到“留量”的时代，围绕着“留量”“商业变现效率”的竞争也已经开始。网红主播即使再有号召力，消费者最终关心的还是商品质量，只有真正高性价比的产品才能提高变现效率。2020 年中国广告协会发布的《网络直播营销行为规范》，要求直播活动全面、真实、准确地披露商品或服务信息，严把直播产品或服务质量关。这就要求直播者及其团队具备足够的产品鉴别能力，在选品时严把产品品质，了解产品的生产方式和供应链，亲测并和粉丝真实反馈。

案例 8-2

直播带货背后，严格的产品筛查

2020 年 7 月 25 日晚上，在热闹的“粉色”直播间里，壹心娱乐 CEO、Plusmall 创始人杨某在小红书完成了自己的直播带货首秀，在长达 4 个半小时的直播里，杨某直播带货的 GMV 超过 736 万，总观看人数超过 48 万。其创办的大码女装品牌 Plusmall 在直播间首发两款新品的预售，销量超过 3 000 件。

据悉，在这场直播中一共上架了 26 个单品，而这些所有上架的单品都是杨某和其团队从 200 多个产品中筛选出来的。被选中的产品，一般是在生活中真正使用过的、好用的产品，如果没有什么使用感受，那这些产品就会被淘汰。对此，为了有效避免因产品质量问题而出现直播“翻车”的现象，主播们必须进行认真且严格的选品。

三、直播电商中其他主体的风险防范措施

在直播电商的整个过程中，除了消费者和主播，还涉及直播平台和商家。目前，网络直播市场处于快速扩张的态势中，但也因缺少及时监管而存在诸多不规范行为，对此，本节内容针对直播带货的模式提供了风险管理的防范措施，为直播平台和商家规避当下的管理漏洞提供建议。

（一）直播平台的风险防范措施

在行业政策的规范下，直播电商平台除了提供直播工具服务，还有责任去规范和维护平台的健康发展从而满足健康商业生态的要求。现有的一些法律法规，如《中华人民共和国广告法》《中华人民共和国消费者权益保护法》《互联网直播服务管理规定》《第三方电子商务交易平台服务规范》等都对直播平台的权利与责任有明确的规定。

直播平台的风险防范措施主要如下。

（1）打击品牌方与主播的虚假广告，加强对带货主播的监管，完善广告审核规则，对一些违法广告或推广信息要及时制止；

（2）严控品牌方资质审查，提高平台入驻门槛，加强对商家或主播的培训与素质管理，培养专业主播，同时引入信用评价体系，进行监控管理；

（3）提高技术水平和支付工具的安全性，电商平台与人工智能技术深度融合，借助高技术水平实现高转化率。可以利用语音技术实现在主播讲解产品的过程中，产品的购物链接就能立即出现，增强用户体验，增加消费转化率；

（4）强化交易安全管理，严厉打击各类诱导交易、虚假交易、规避安全监管的私下交易行为；

（5）构建商家和消费者的意见沟通渠道，完善纠纷解决办法与机制，及时回应并妥善处理消费者的相关诉求。

因此，对直播平台而言，为了更好地强化风险管理，也必须严格履行法律法规规定的相关平台义务。

（二）商家的风险防范措施

商家、主播等参与者在网络平台上以直播形式向用户销售商品或提供服务的网络直播营销活动中需要做到以下几点：

（1）保证产品质量，完善售后服务体系，商家要聚焦售后货品的质量追踪、退换货、产品满意度评价，制定流程优化与制度优化的产品质量控制措施，甄别消费者可能产生的售后问题，制定完善的售后服务；

（2）关注直播的销售情况，避免因库存不足而出现违约交货的情况；

（3）销售的商品或者提供的服务应当符合保障人身、财产安全的要求和环境保护的要求，不得销售或者提供法律、行政法规禁止交易的商品或者服务；

（4）全面、真实、准确、及时地披露商品或者服务信息，保障消费者的知情权和选择权，不得以虚构交易、编造用户评价等方式进行虚假或者引人误解的商业宣传，欺骗、误导消费者。

项目小结

本项目首先从整体上论述了直播电商的风险概念、特征和类别。直播电商的风险贯穿于直播电商活动的全过程，是指在某一特定环境下和在某一特定时间段内，某种损失发生的可能性。直播电商中的风险具有客观存在性、不可控性、可预防性、成本高、用户黏性低、同质化严重的特征。常见的直播电商风险有法律风险、内容风险、产品风险、商业模式风险、供应链风险和售后风险。

直播电商的风险管理是立足于互利共享理念，对直播电商中的各个环节执行风险管理的基本流程，以强化风险管理意识，建立健全风险管理体系。在直播电商的风险管理中，我们也可以尝试借鉴较为成熟的企业风险管理流程，同样遵循制订风险管理计划、风险识别、风险评估、风险控制和风险监控五个步骤来对直播电商进行有效的风险管理。

此外，随着 5G 商用的快速布局，商品信息展示动态化的趋势逐渐明显，越来越多的内容平台及电商平台参与直播电商竞争市场中。为了保障直播电商行业的更好更快发展，无论是消费者、主播、直播平台还是商家都应该做好相应的风险防范措施，强化风险管理意识。

项目检测

一、单项选择题

1. 以下不属于直播电商的风险管理流程的是（　　）。

A. 风险控制　　B. 风险识别

C. 风险管理　　D. 风险评估

2. 极易诱发直播电商中与产品相关的风险的是（　　）。

A. 商品价格风险　　B. 商品外观风险

C. 商品颜值风险　　D. 物流运输风险

3. 以下不属于直播电商中消费者的风险防范措施的是（　　）。

A. 售前及时保留相关证据　　B. 减少冲动性消费

C. 采取积极的维权方式　　D. 投诉快递运输

4. 以下不属于直播电商中主播的风险防范措施的是（　　）。

A. 提前策划演练　　B. 软硬件的配置与测试

C. 主播的妆容形象　　D. 严格的产品选择与审核

二、判断题

1. 假如某种行为具有不确定性，则该行为就不存在风险。（　　）

2. 直播电商的风险性比以广播电视为代表的传统媒体更强。（　　）

3. 没有经过剪辑与后期加工，其直播过程中蕴藏着较大的风险。（　　）

三、思考题

1. 直播电商风险有哪些特征？

2. 直播电商的风险管理流程有哪些？

3. 简述直播电商的主体。

4. 直播电商中主播的风险防范措施有哪些？

5. 直播电商中消费者可以采取哪些有效措施保障自己的权益？

四、案例分析题

昆明阿科商贸有限公司涉嫌利用网络直播违法发布广告案

2022 年 3 月 18 日，昆明市市场监督管理局接到消费者反映：昆明阿科商贸有限公司在快手直播平台上销售其产品叶子红糖的过程中，涉嫌有违法行为。当日，昆明市市场监督管理局广告处执法人员对昆明阿科商贸有限公司进行了现场检查，在检查过程中，发现其经营场所内设置有直播间，正在进行直播销售活动，直播人员销售时涉嫌贬低他人商品的行为，昆明市市场监督管理局就昆明阿科商贸有限公司违法行为进行立案调查。

经调查，当事人昆明阿科商贸有限公司持有食品经营许可证，直播销售的叶子红糖有产品合格证、产品质量检测报告。该公司在快手平台上注册账号为“hezhengke12”，通过此账号开设直播间，对该公司“叶子红糖”产品进行销售。在直播过程中，主播利用“某某”包装品牌红糖是“工业制品造的红糖”与其产品进行对比，宣称“这种糖是工业制品造的红糖，配料表上标注砂糖水、冰糖蜜水，及食品色素添加剂”，“而阿科公司所销售的叶子红糖，是用甘蔗叶子包装，很好的保存了它的色、香、味，营养价值不流失等宣传广告用语”，该宣传广告含有对其他生产经营者的商品进行贬低内容，涉嫌违反了《中华人民共和国广告法》第十三条：“广告不得贬低其他生产经营者的商品或者服务”的规定。昆明市市场监督管理局拟于近期按照规定给予当事人行政处罚。

通过以上案例，针对群众反映强烈、社会舆论关注和市场监管风险压力大的突出问题，各级市场监管部门集中优势兵力，重拳出击，严厉查处了这一涉及民生领域的违法行为。

（资料来源：潇湘晨报官方百家号．昆明市市场监管局发布 6 个“铁拳行动”典型案例打击网络直播违法发布广告等行为（作者节选并整理）．潇湘晨报，2022 年 4 月 7 日．https://baijiahao.baidu.com/s?id=1729415928586971459&wfr=spider&for=pc．）

项目实训

为了加深对直播电商风险与防范的理解，提高直播电商活动的策划能力，我们将进行下述实训操作。

【实训目标】

1．了解直播电商的风险管理流程；

2．了解直播电商中可能存在的风险和风险类别；

3．掌握直播电商中的风险防控措施。

【实训内容】

从抖音、快手、淘宝、一直播等任选一个直播平台进行一场校园直播电商活动的策划。

【实训要求】

1．结合直播电商的风险类别与风险管理的流程，分析在直播电商各阶段可能出现的风险；

2．针对可能出现的风险提出相应的解决措施。

参考文献

[1] 李泽清. 网络直播：从零开始学直播平台运营 [M]. 北京：电子工业出版社，2020.

[2] 柯醒，倪林峰. 私域流量：流量池的自建与变现 [M]. 广州：化学工业出版社，2020.

[3] 王斌，曹三省. 直播与短深度运营 [M]. 北京：中国广播影视出版社，2021.

[4] 李成钢. 网络营销基础与实践 [M]. 北京：中国纺织出版社，2021.

[5] 黑马唐. 从零开始玩转抖音 视频制作 涨粉引爆 内容运营 引流变现 [M]. 北京：人民邮电出版社，2020.

[6] 蒋晖. 网络营销运营之道 [M]. 北京：北京大学出版社，2019.

[7] 黄旭强，梅琪，洪文良，等. 直播运营实务 [M]. 北京：清华大学出版社，2021.

[8] 陈芳. 直播策划与运营实务 [M]. 北京：中国人民大学出版社，2022.

[9] 隗静秋，廖晓文，肖丽辉. 短视频与直播运营 策划 制作 营销 变现（视频指导版）[M]. 北京：人民邮电出版社，2020.

[10] 南京奥派信息产业股份公司. 直播电商基础（初级）[M]. 北京：高等教育出版社，2021.

[11] 余以胜，林喜德，邓顺国. 直播电商：理论、案例与实训（微课版）[M]. 北京：人民邮电出版社，2021.

[12] 勾俊伟，张向楠，刘勇. 直播营销 [M]. 北京：人民邮电出版社，2017.

[13] 黄钟军，蒋芷寒. 消费时代新的名利场：明星直播卖货行为研究 [J]. 南京师范大学文学院学报，2020（4）：114-121.

[14] 赵佩华. 政治传播视野中的官员直播带货 [J]. 新闻爱好者，2020（7）：37-39.

[15] 宫春子，徐芳兰. 电商“直播带货”中的问题解析与规制建议 [J]. 商业经济研究，2021（6）：83-86.

[16] 袁奂青. 网络直播对网红与粉丝关系的影响研究 [J]. 新闻爱好者，2019（5）：91-94.

[17] 汪雅倩. “新型社交方式”：基于主播视角的网络直播间陌生人虚拟互动研究 [J]. 中国青年研究，2019（2）：87-93.

[18] 敖鹏. 网红为什么这样红？基于网红现象的解读和思考 [J]. 当代传播，2016（4）：40-44.

[19] 张旻. 热闹的“网红”：网络直播平台发展中的问题及对策 [J]. 中国记者，2016（5）：64-65.